# FRANCESCO PIGNATELLI **REVERSED CITIES**

REVERSE

# ED CITIES

FRANCESCO PIGNATELLI

CHARTA

PROGETTO GRAFICO E IMPAGINAZIONE
GRAPHIC DESIGN AND LAYOUT
Laura Capsoni

COORDINAMENTO GRAFICO
GRAPHICAL COORDINATION
Gabriele Nason

COORDINAMENTO REDAZIONALE
EDITORIAL COORDINATION
Emanuela Belloni

REDAZIONE / EDITING
Elena Carotti
Charles Gute

TRADUZIONI / TRANSLATION
Stefano Bortolussi
Stephen Hand

COPY E UFFICIO STAMPA
COPYWRITER AND PRESS OFFICE
Silvia Palombi Arte & Mostre, Milano

GRAFICA WEB E PROMOZIONE ON-LINE
WEB DESIGN AND ON-LINE PROMOTION
Barbara Bonacina

COPERTINA / COVER
**TAXI - NEW YORK**
NEW YORK 2002 (particolare / detail)

RETRO DI COPERTINA / BACK COVER
**WALK**
LONDON 2003



*Fotografia Italiana è nata a Milano nel maggio 2003 per iniziativa di Nicoletta Rusconi.*
*Fotografia Italiana was founded in Milan in 2003 by Nicoletta Rusconi.*



ISBN 88-8158-458-1

Edizioni Charta
via della Moscova 27
20121Milano
Tel. +39 02 6598098 / 02 6598200
Fax +39 02 6598577
e-mail: edcharta@tin.it
www.chartaartbooks.it

PRINTED IN ITALY

Fotografia Italiana
corso Venezia 22
20121 Milano
Tel. +39 02 784100
Fax +39 02 77809369
e-mail: info@fotografiaitaliana.com
www.fotografiaitaliana.com

*A CARLA E ERCOLE*

**FRANCESCO PIGNATELLI**
REVERSED CITIES

è un'iniziativa di / it is an initiative of

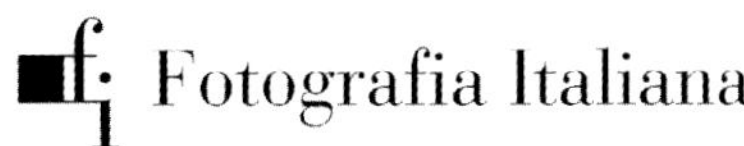


PROGETTO E DIREZIONE ARTISTICA
PROJECT AND CREATIVE CONSULTANCY
Fabio Castelli

L'ARTISTA DESIDERA RINGRAZIARE
THE ARTIST WOULD LIKE TO THANK
Anna Giulini, Roberta Molteni, Paola Bonini, Fernanda Pivano, Cristiano De Andrè, Giuliana Scimé, Ercole Pignatelli, Nicoletta Rusconi, Laura Capsoni, Fabio Castelli, Gianni Randelli junior, Oki Izumi, Tomoko Takagi, Stefano Bortolussi, Stephen Hand, Claudio Cantoni e /and Arscolor.

# SOMMARIO CONTENTS

# E COME IN UN SOGNO...
GIULIANA SCIMÉ

¿Qué es la vida? Un frenesí.
¿Qué es la vida? Una ilusión,
una sombra, una ficción,
y el mayor bien es pequeño:
que toda la vida es sueño,
y los sueños, sueños son.

(Caldéron de la Barca)

E come in un sogno, leggeri si sorvola l'irrealtà.
Città estranee e stranianti, minuscoli fantasmi trasparenti,
silenzi assoluti, i freni non stridono, scivolano morbide le auto,
semafori senza luce e insegne opache.
Città immaginarie e immaginate nel frammento di un
soprassalto di coscienza, azzurro, turchese, acidi gialli e ocra,
palazzi di ghiaccio e alberi di neve.
Luoghi/non-luoghi di svelamento, di memorie sepolte,
di avventure possibili, di trappole d'inganno e di prenatale felicità.

# IT'S LIKE A DREAM...
GIULIANA SCIMÉ

¿Qué es la vida? Un frenesí.
¿Qué es la vida? Una ilusión,
una sombra, una ficción,
y el mayor bien es pequeño:
que toda la vida es sueño,
y los sueños, sueños son.

(Caldéron de la Barca)

It's like a dream, weightless one flies over unreality.
Foreign and strange cities, tiny transparent ghosts,
absolute silences, brakes don't screech, cars slide softly,
lightless traffic lights and opaque signposts.
Imaginary cities imagined in a fragment of a jump in consciousness,
blue, turquoise, acid yellows and ochre, ice buildings and snow trees.
Scenes/non-scenes of uncovering, of buried memories,
of possible adventures, of deception traps,
and of antenatal happiness.

# REVERSED CITIES
## FERNANDA PIVANO

Che tenerezza vedere queste città che ho tanto amato cancellate nei sogni di queste fotografie reversed, dove reversed vuol dire invertite, cioè, dice Francesco, come le vede la sua pellicola.
Gli ho detto che forse non tutti capiscono cosa questo significa e mi ha risposto emblematicamente che non tutti devono capire, e così siamo diventati amici.
Eppure di queste fotografie dove non tutti capiscono tutto vengono fuori, anche per noi profani, immaginari riconoscibili solo attraverso una interpretazione quasi surrealista o, mi precisa con mia gioia Francesco Pignatelli, metafisica.
Vedere questa misteriosa immagine di Shinjuku della Tokyo che noi fantastichiamo fa venire in mente a chi li ha visti i Templi di Tagata e Ogata: li fa venire in mente come prova contraria alla realtà sempre poetica dei peni dipinti in baby rosa, con questi giovani che, con quegli occhi spiritati, ai peni rosa o non pensano, o pensano troppo o troppo poco.



O: vedere questa fotografia incomprensibile che rappresenta la stazione di un metró di Tokyo fa pensare alle stazioni dei subway americani, dove non si capisce niente non tanto per la rarefazione dell'immagine, quanto per la drammaticità della folla. O: vedere questa foto di Chinatown a New York con una enorme scritta cinese è come cancellare qualsiasi trionfalismo statunitense per inneggiare alla sopraffazione della Cina sull'America, già cominciata ad avvenire, in attesa del probabile diluvio di sangue che si scatenerà se mai questa supremazia dovesse affermarsi.

O: vedere questi fantasmi giapponesi con la giapponesina delle favole che ha la schiena coperta da un obi come la sua mamma e le sue nonne e bisnonne e trisnonne che conoscevano ancora la poesia, fa pensare alla melanconia di queste ragazzotte già divorate dal terziario.

O: vedere questa fotografia di Times Square con una parete che potrebbe essere di qualunque città fa paura, perché dell'America si indovina, per fortuna a stento, l'immagine della "regina dei dannati" giustificata solo dal sottotitolo: "lei vuole soltanto l'inferno sulla terra". Chi lo sa se è questo il vero messaggio delle bellezze del firmamento cinematografico.
Per le fotografie reversed qualcuno non può dimenticare un'altra immagine in bianco e nero, realistica fino alla sopraffazione, di una splendida donna con i seni di gelatina e i capelli color platino, che cantava gli "angeli dell'inferno", dove quegli angeli erano soltanto degli schianti di bei ragazzi.

O: vedere questa immagine del Village con questa casa nera, reversed o non reversed, coi balconcini, dove i diseredati cercano di respirare un po' d'aria d'estate e vedere un po' di sole d'inverno, fa pensare all'ingiustizia sociale di certi alberghi della California, dove il sole d'estate e d'inverno si prende su enormi terrazze profumate dal vento di due Oceani.

O: vedere una di queste autostrade di New York che portano chissà dove, tutta sfumata d'azzurro come nel cinema degli anni Trenta, fa pensare che è ancora lì che l'America fa ancora sognare, fa sognare la velocità, fa sognare, come diceva Jack Kerouac, l'andare, l'andare, l'andare, dove? Non importa, ma andare.

Dolce America, forse tu sei rimasta questo, col permesso di questo fotografo spericolato che rappresenta città rovesciate.

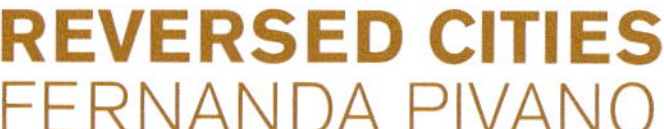

# REVERSED CITIES
## FERNANDA PIVANO

How sweet seeing these cities I loved so much cancelled in the dreams of these reversed photos, where "reversed" means the way Francesco sees his films. I told him that maybe not everyone would understand what this means, and he emblematically answered that not everyone has to understand. Thus we became friends.

And yet, these photographs, where not everyone understands everything, express imaginary realms that we laymen recognize only through an almost surrealistic interpretation. Or better yet, metaphysical, as Francesco points out to my great joy.

Seeing this mysterious image of Shinjuku, from the Tokyo we all fantasize about, brings to mind the Temples of Tagata and Ogata: it makes you think about them as evidence to the contrary of the still poetic reality of baby-pink penises, of these wild-eyed youngsters who don't think about pink penises, or maybe too much, or else too little.

Or, seeing this incomprehensible photo portraying a Tokyo metro station makes you think about the American subway stations, confusing not so much the image's rarefaction as the crowd's drama.

Or, seeing this picture of New York's Chinatown with its enormous Chinese sign is like erasing any American vaunting and extolling of China's overpowering of America, which has already begun, waiting for the probable deluge of blood that would ensue if this supremacy were ever to affirm itself.

Or, seeing these Japanese ghosts, where the Japanese girl of many fairy tales has her back covered by an obi like her mother, her grandmother, her great-grandmother and her great-great-grandmother before her, brings to mind the melancholy of these girls already devoured by the tertiary industry.

Or, seeing this photograph of Times Square, with a wall that could belong to any city in the world, is scary because in America it's only possible to guess, luckily with some difficulty, the justification for the caption in the image of the 'queen of damned': "All she wants is hell on earth." Who knows if this is the real message from the beauties of the movie firmament? Thanks to the "reversed photographs," one cannot forget another black and white image, so realistic as to be overwhelming, of a beautiful woman with jelly breasts and platinum hair who sang praise to the "angels of hell" where those angels were just gorgeous boys.

Or, seeing this image of the Village with this black house, reversed or otherwise, with little balconies where the dispossessed try to take a breath of fresh air in the summer and catch a ray of sun in the winter, makes one think about the social injustice of certain Californian hotels where people sun themselves in summer and winter on vast terraces scented by the wind of two oceans.

Or, seeing one of these New York highways that take you who-knows-where, all shaded in blue like a movie from the Thirties, makes one think that it's still there that America makes you dream, makes you dream of velocity, makes you dream – as Kerouac said – of going, going, going where? It doesn't matter, just going.

Sweet America, maybe you are still this, with the license of this reckless photographer who portrays reversed cities.

# OPEREWORKS

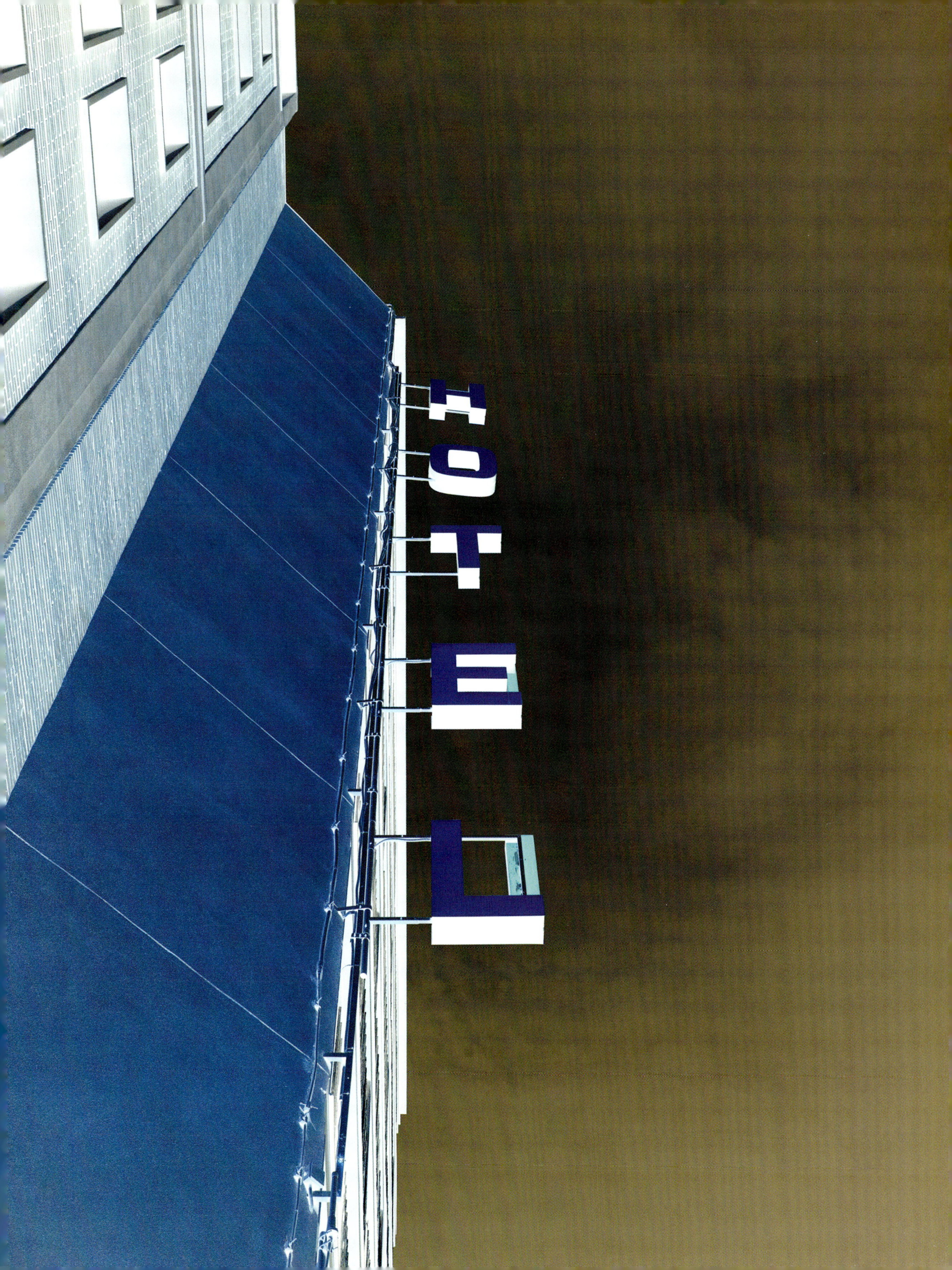
HOTEL

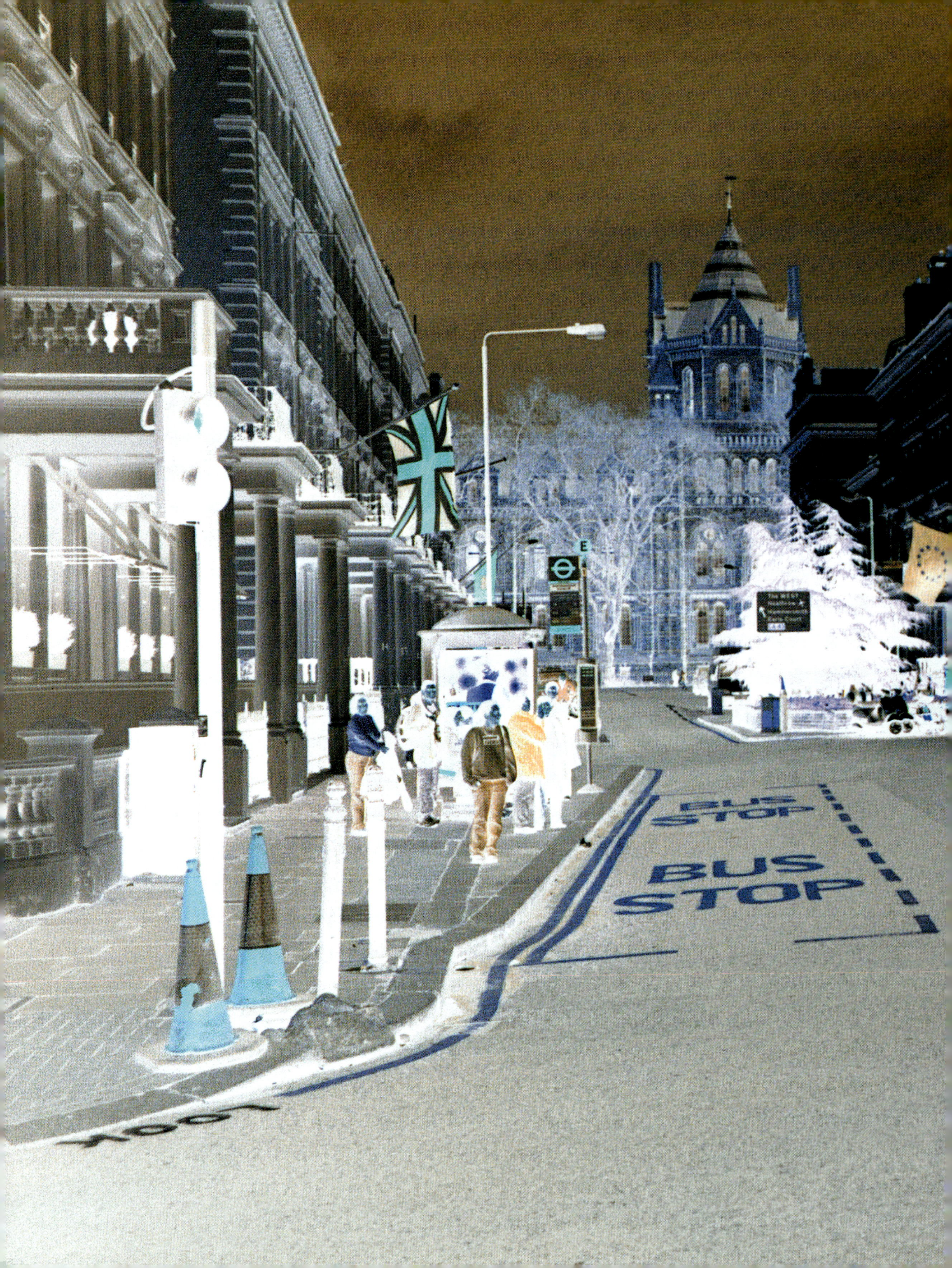
BUS
STOP
BUS
STOP

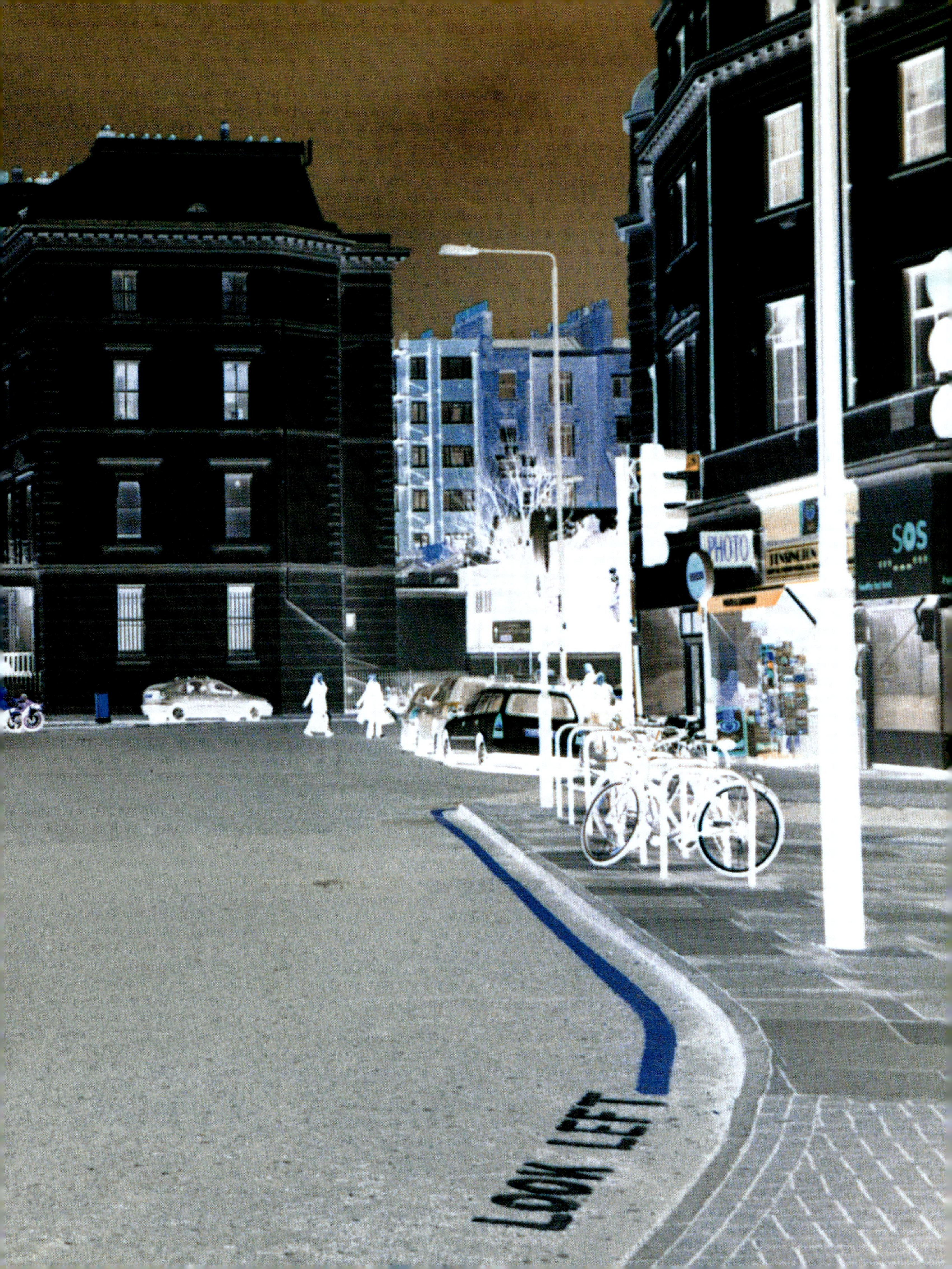
PHOTO
SOS
LOOK LEFT

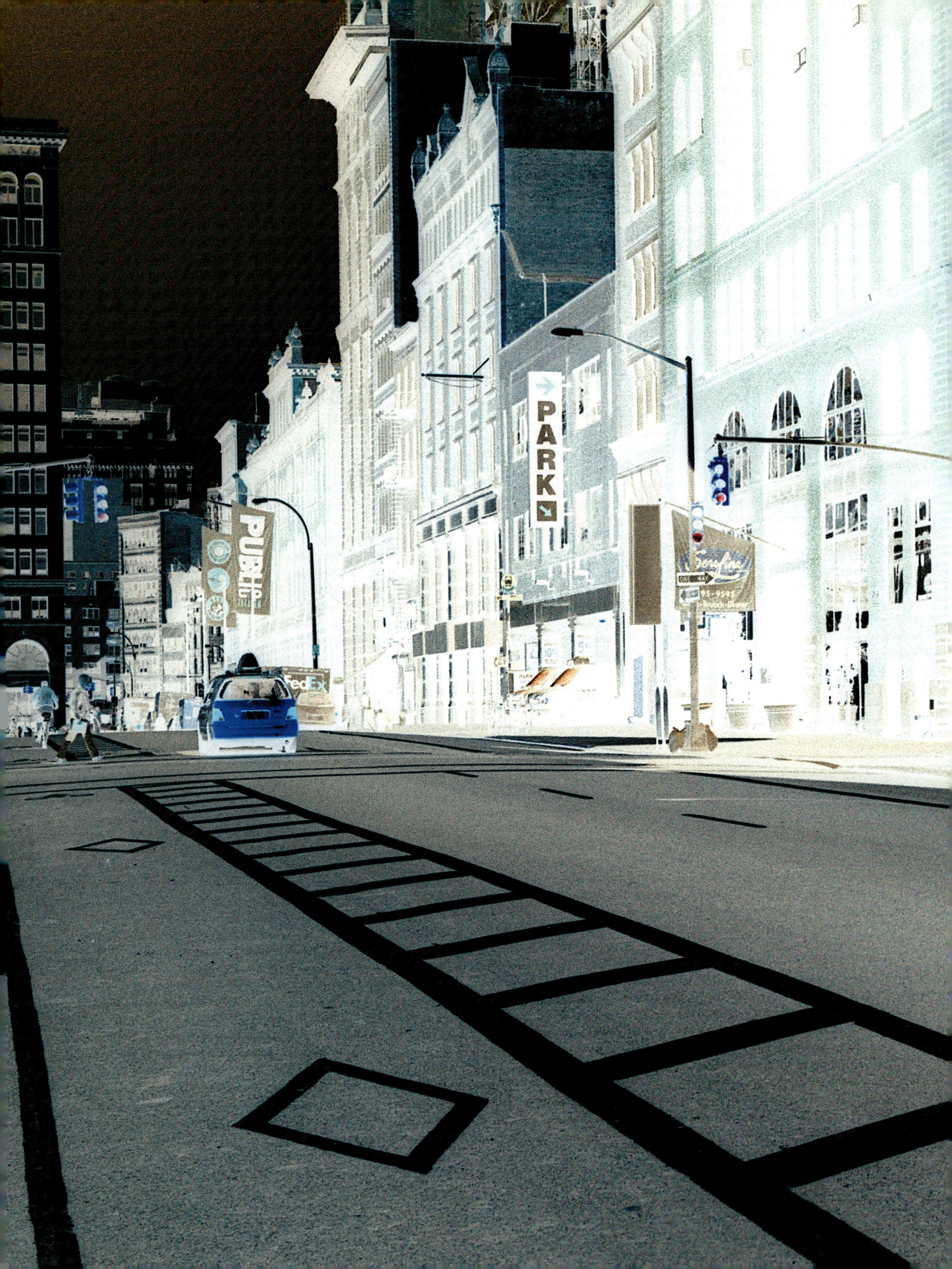
PARK
FedEx

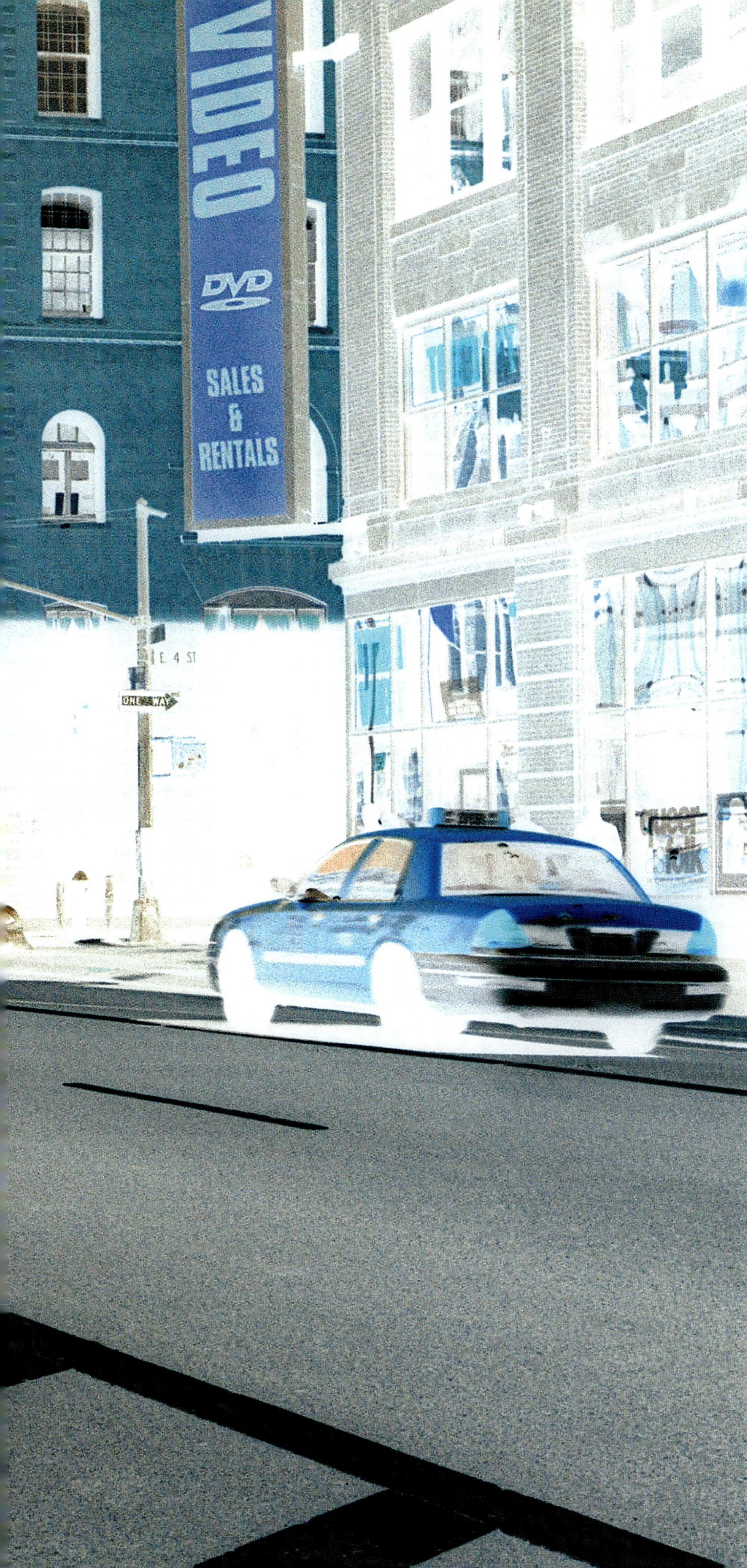
VIDEO
DVD
SALES
&
RENTALS
E. 4 ST
ONE WAY

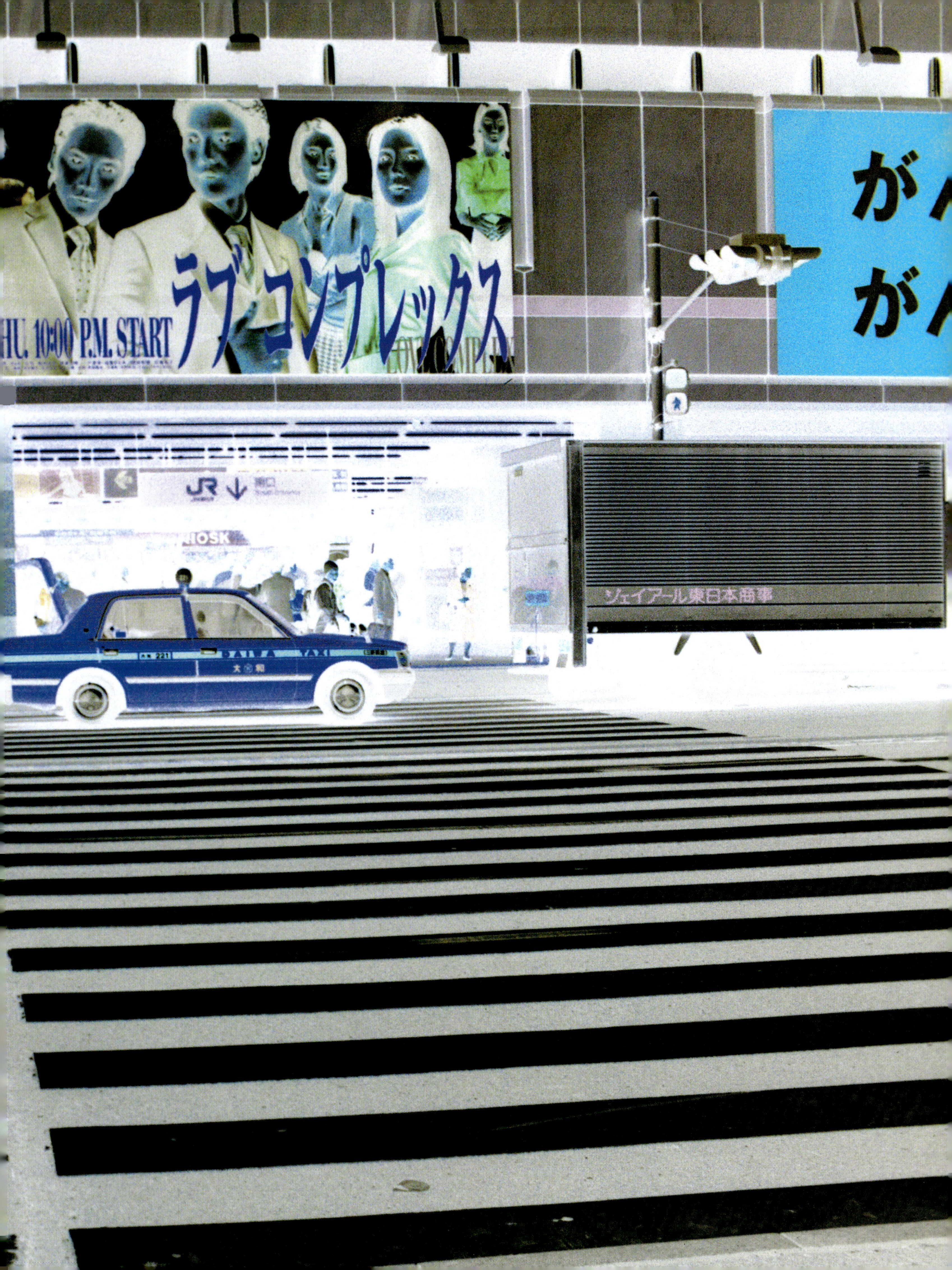
ラブ・コンプレックス
HU. 10:00 P.M. START
が
が
JR ↓
IOSK
221
TAXI
大和
ジェイアール東日本商事

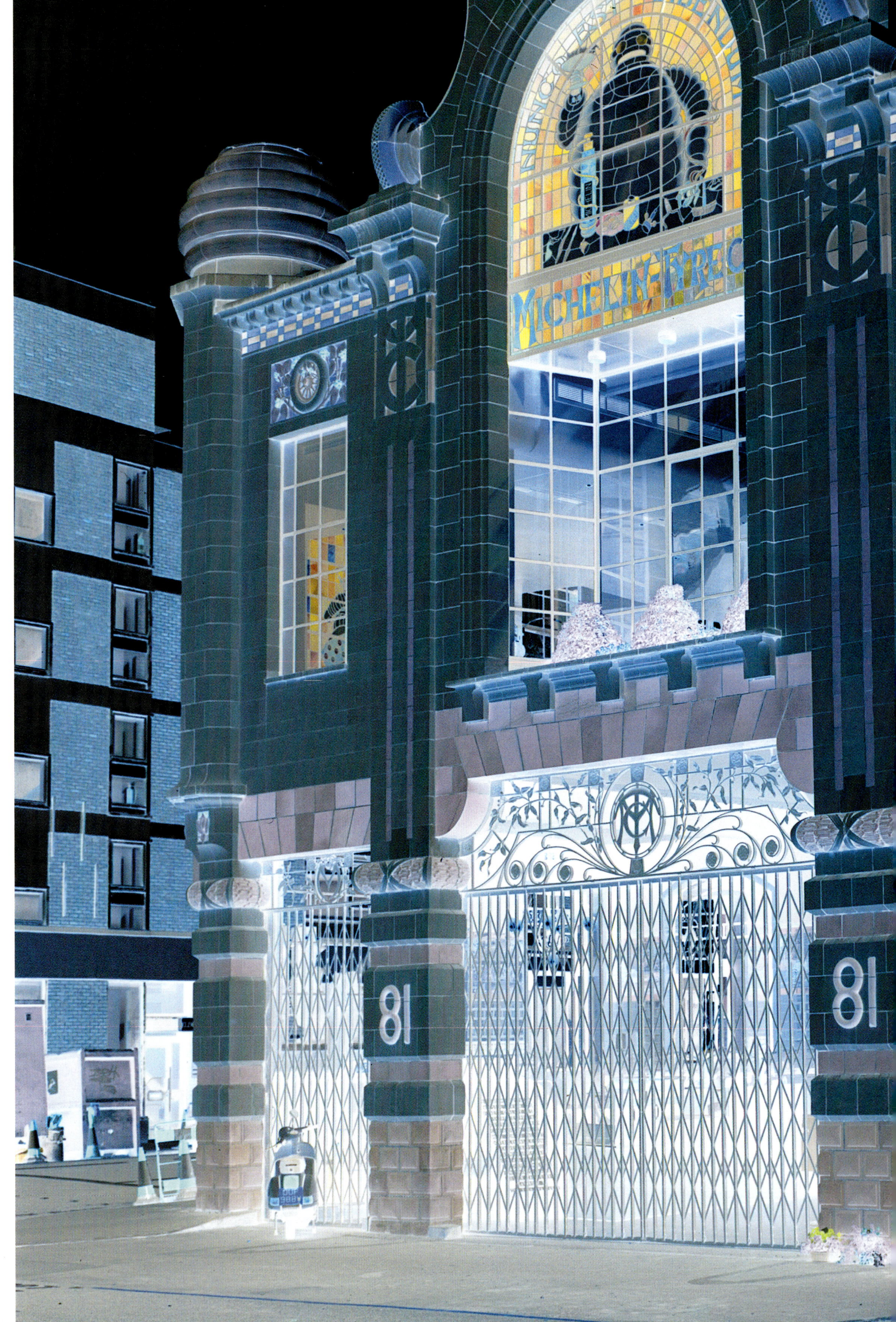
MICHELIN
81
81

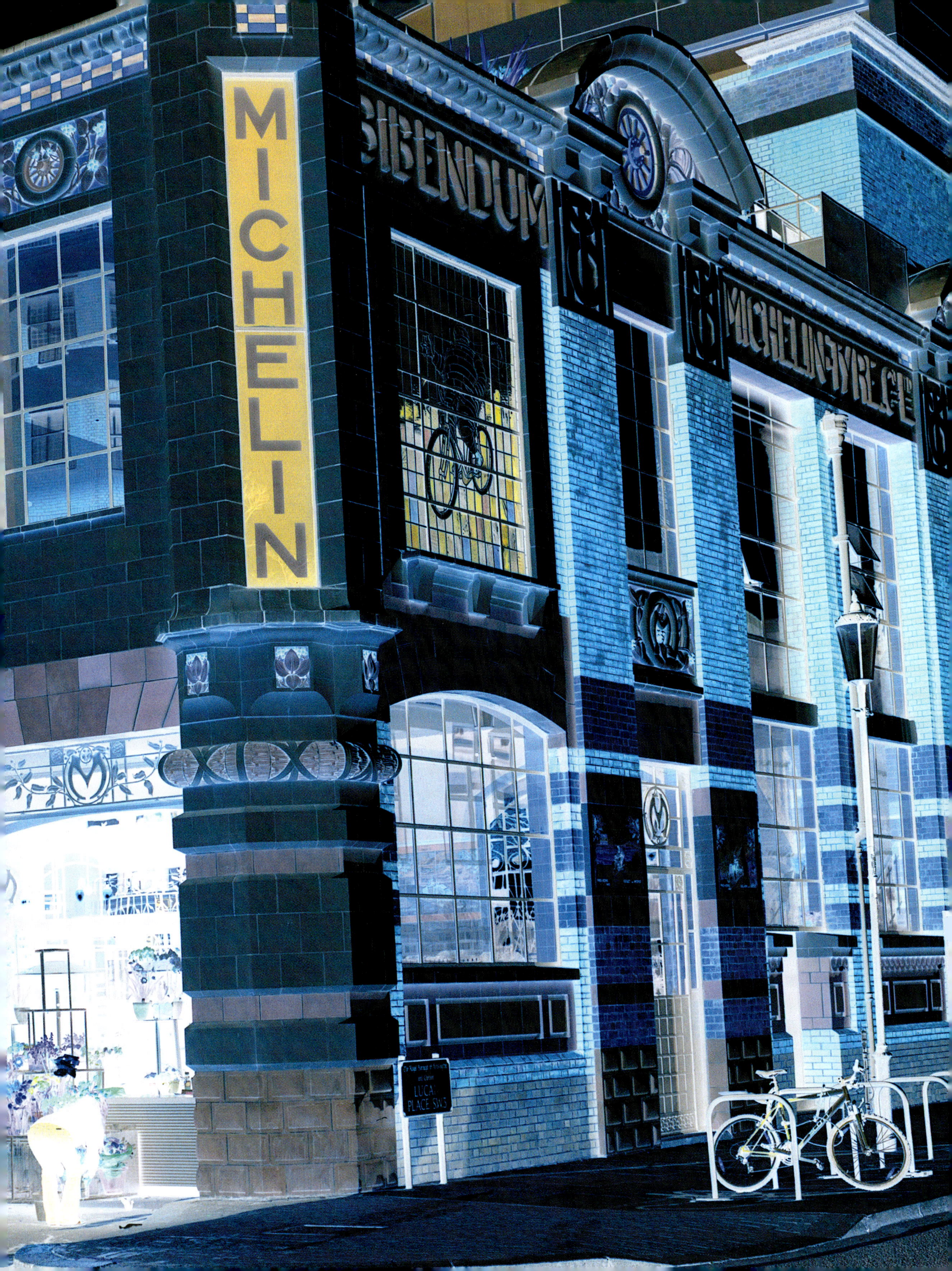
MICHELIN
BIBENDUM

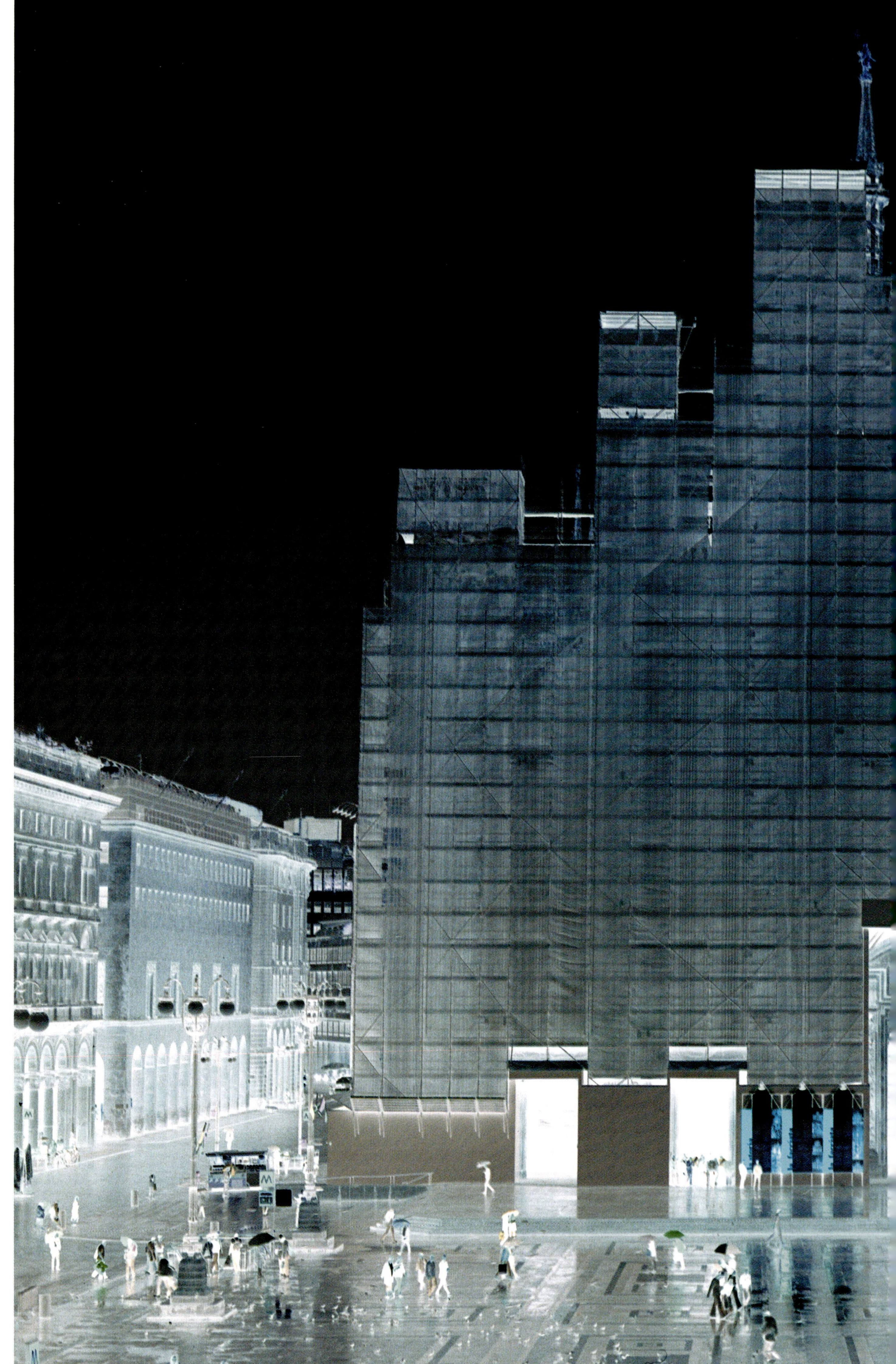

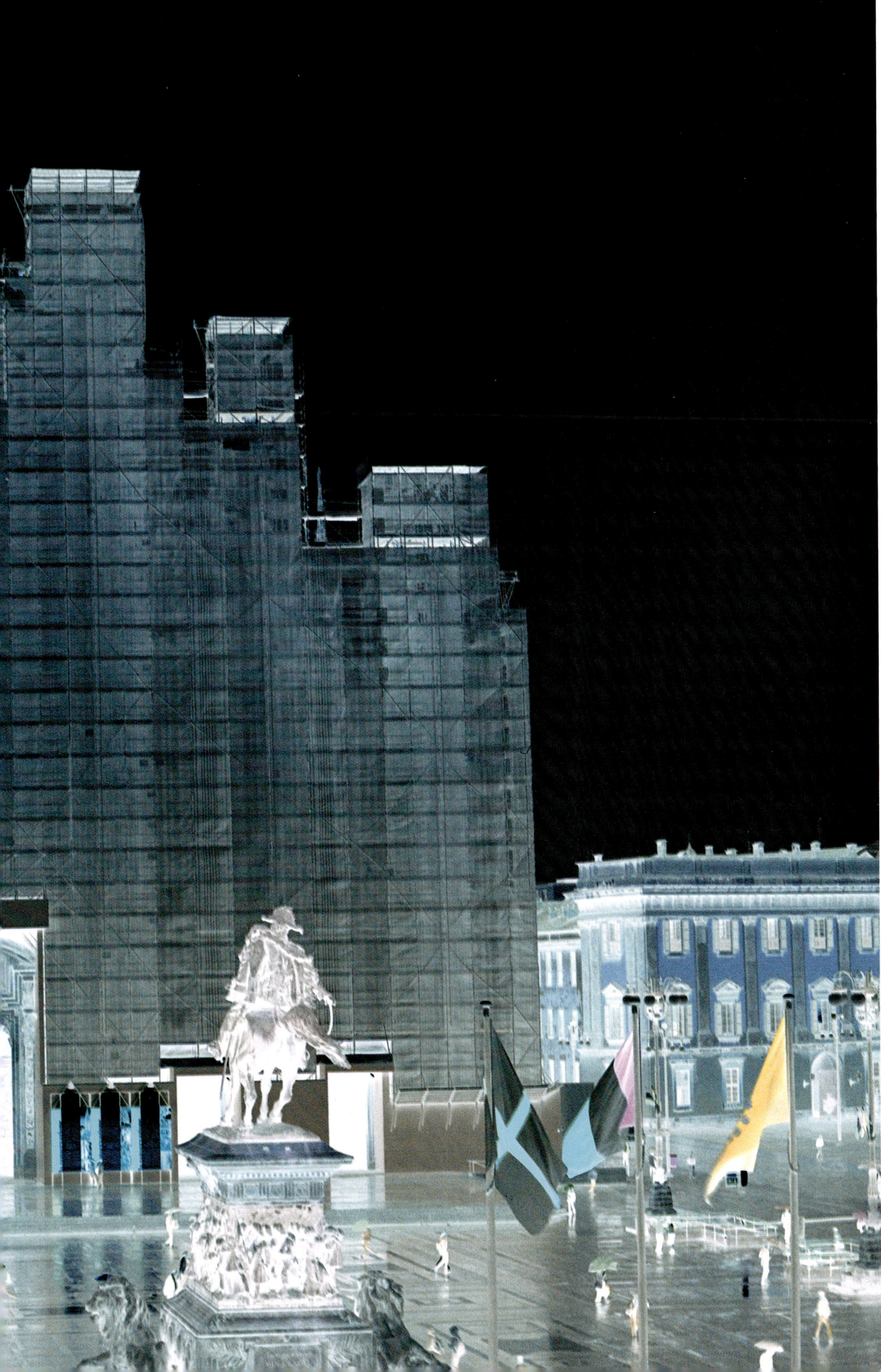

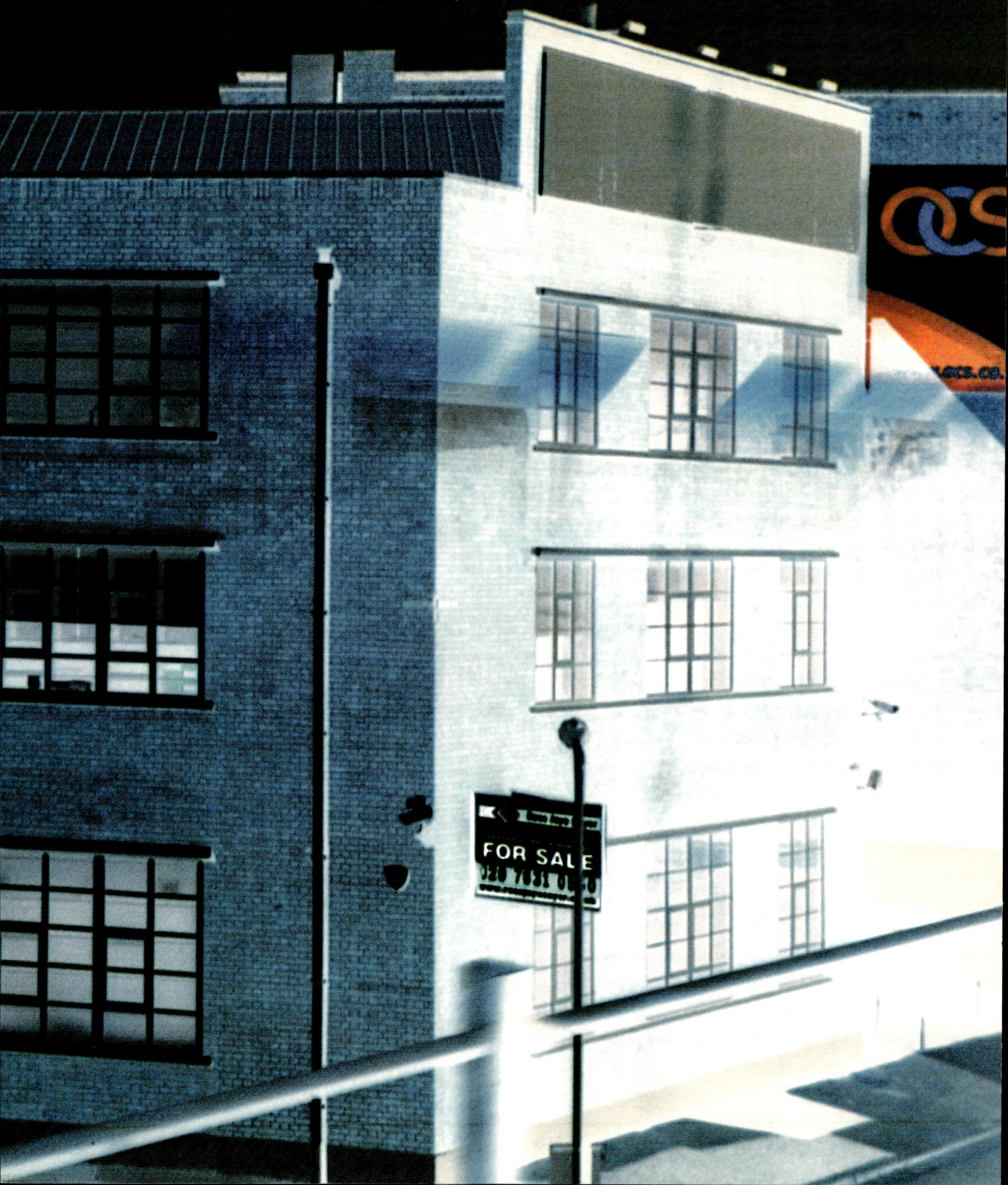
FOR SALE

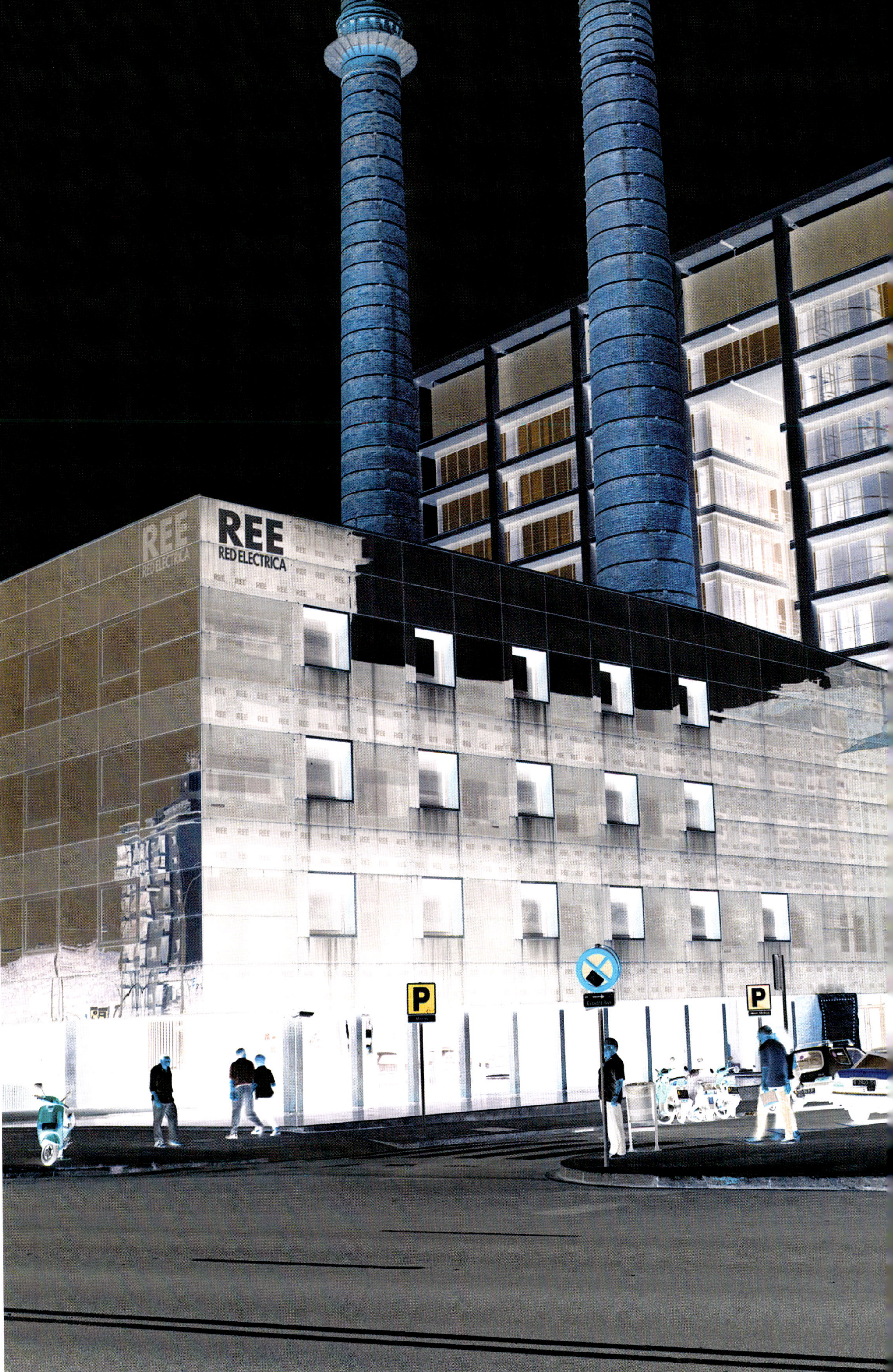
REE
RED ELECTRICA
P

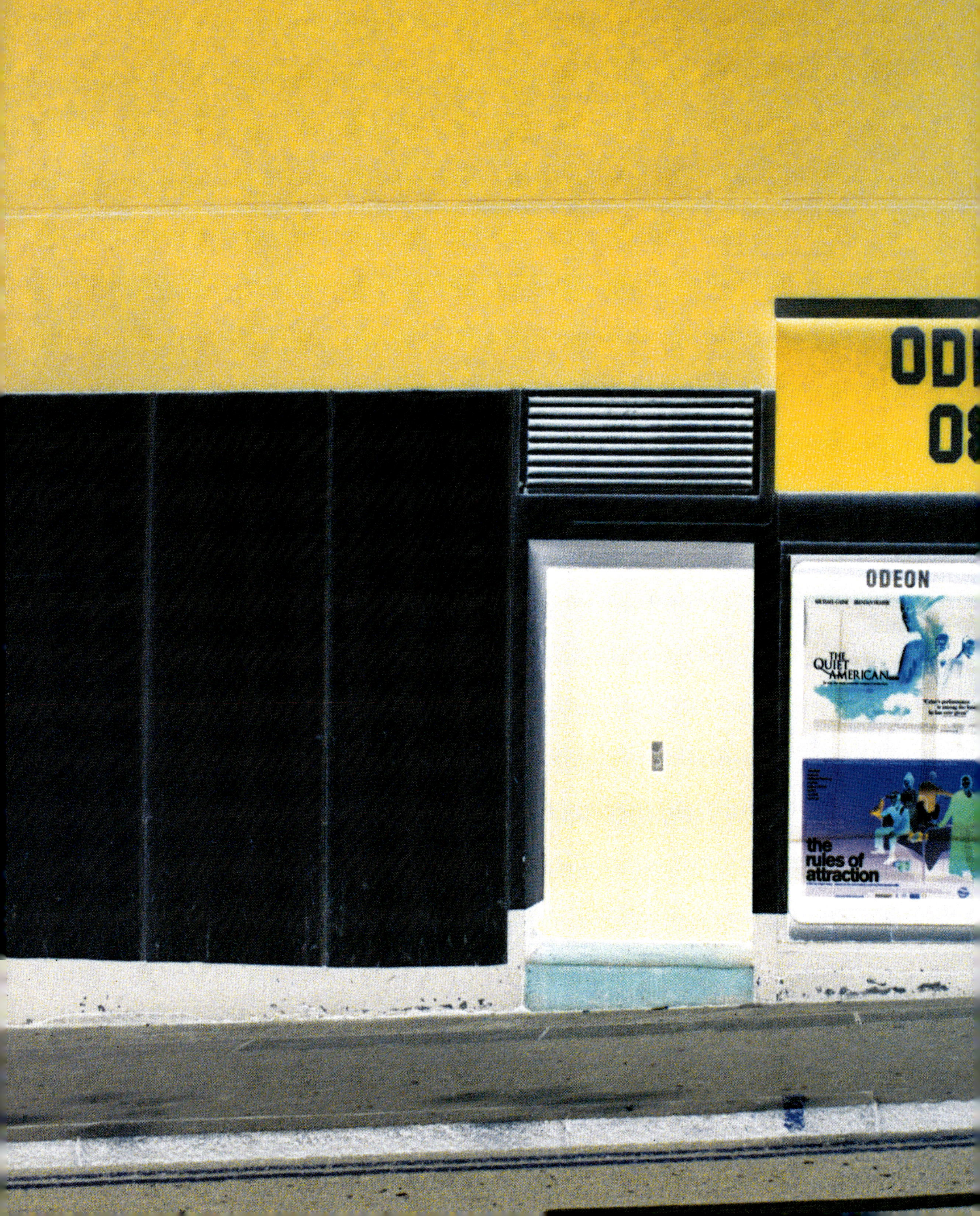
ODEON
THE QUIET AMERICAN
the rules of attraction

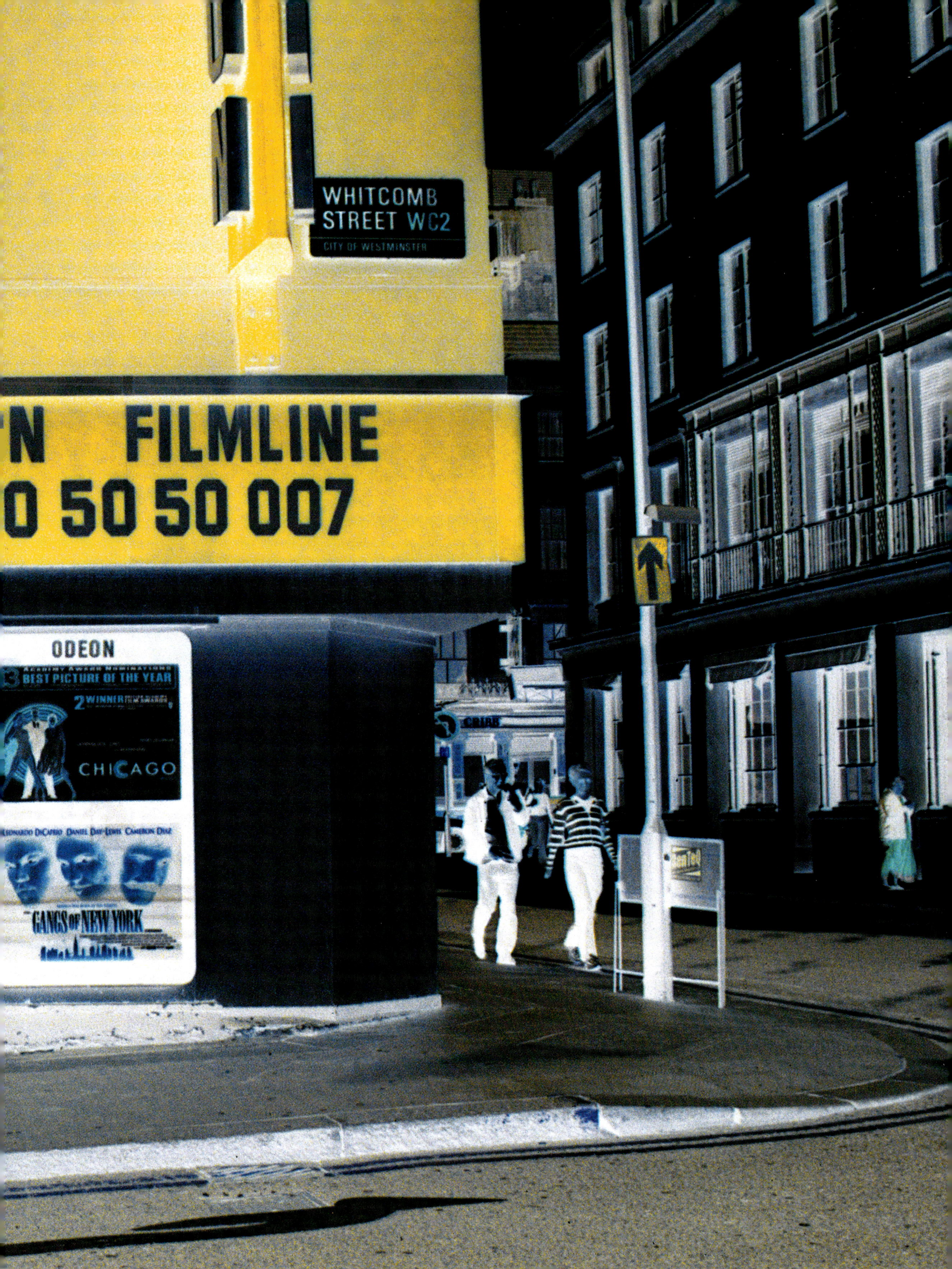
WHITCOMB
STREET WC2
CITY OF WESTMINSTER
FILMLINE
0 50 50 007
ODEON
BEST PICTURE OF THE YEAR
CHICAGO
GANGS OF NEW YORK

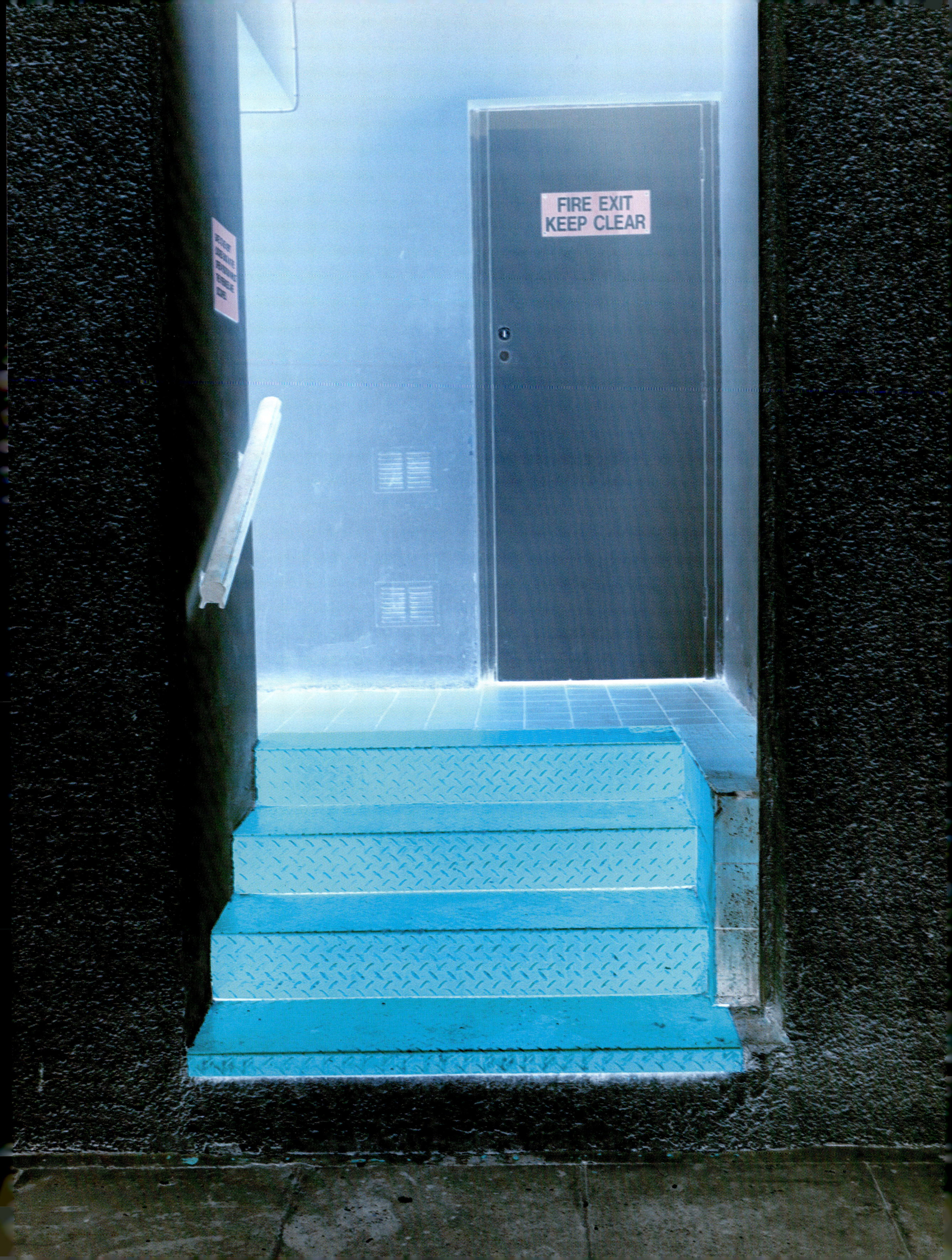
FIRE EXIT
KEEP CLEAR

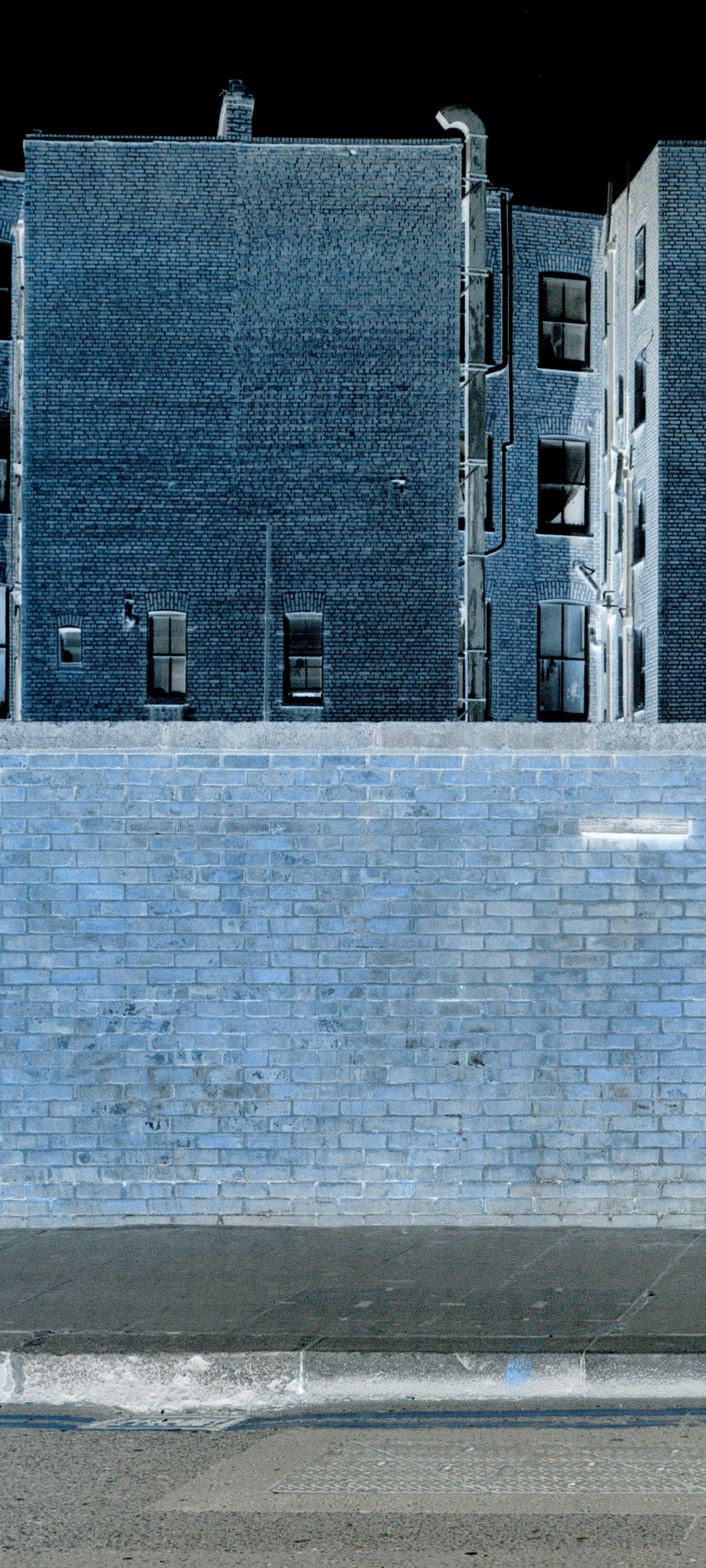

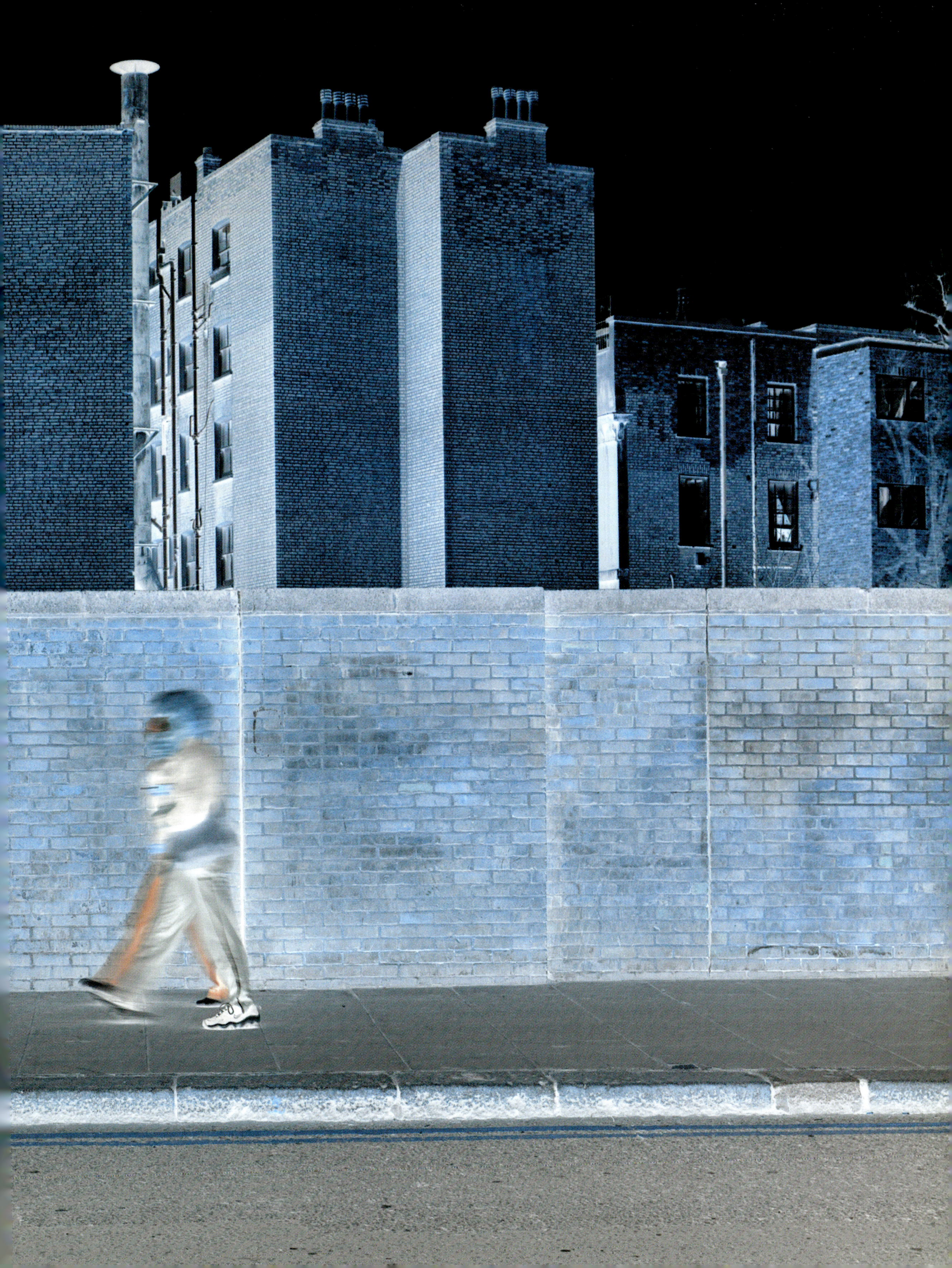

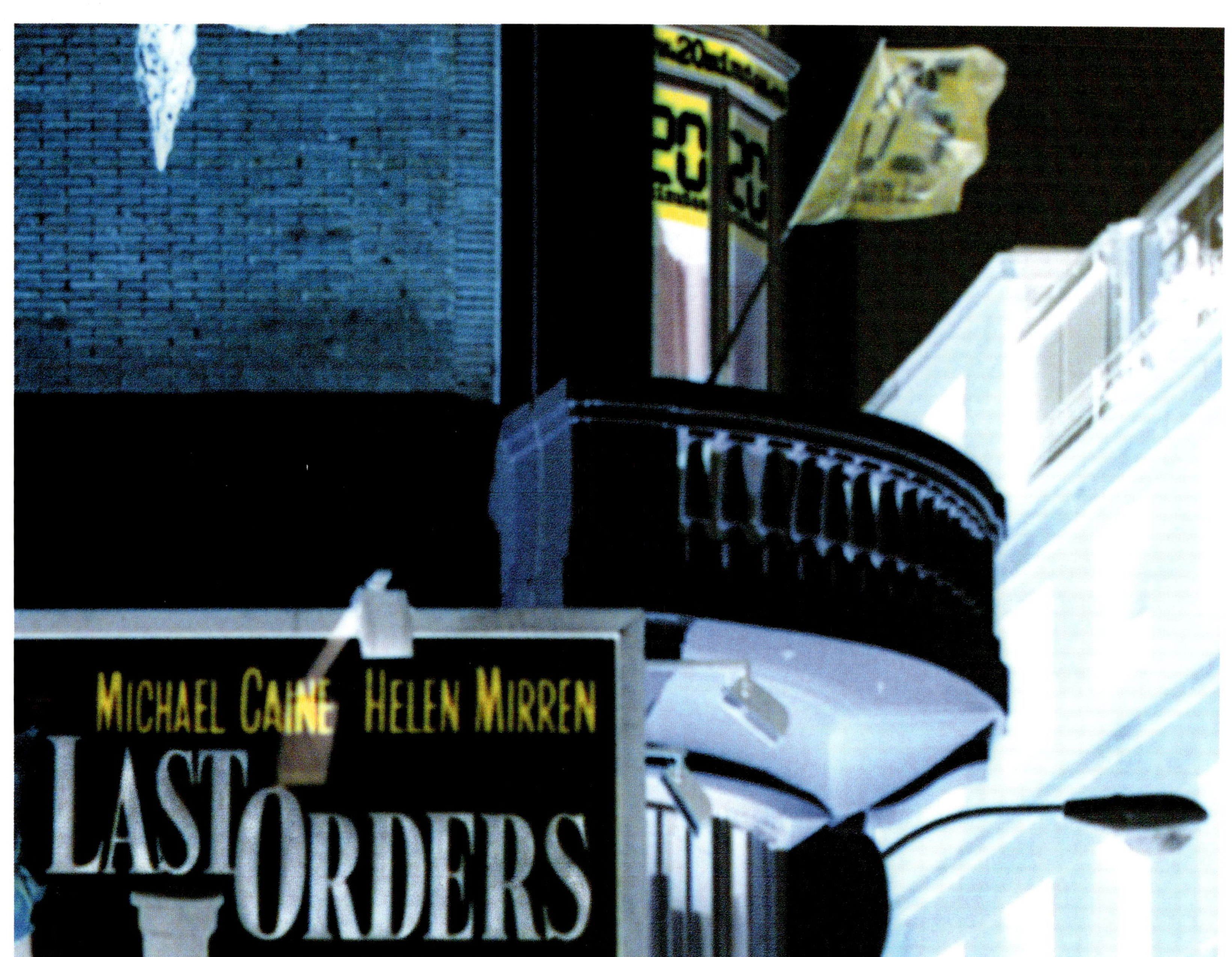
MICHAEL CAINE HELEN MIRREN
LAST ORDERS

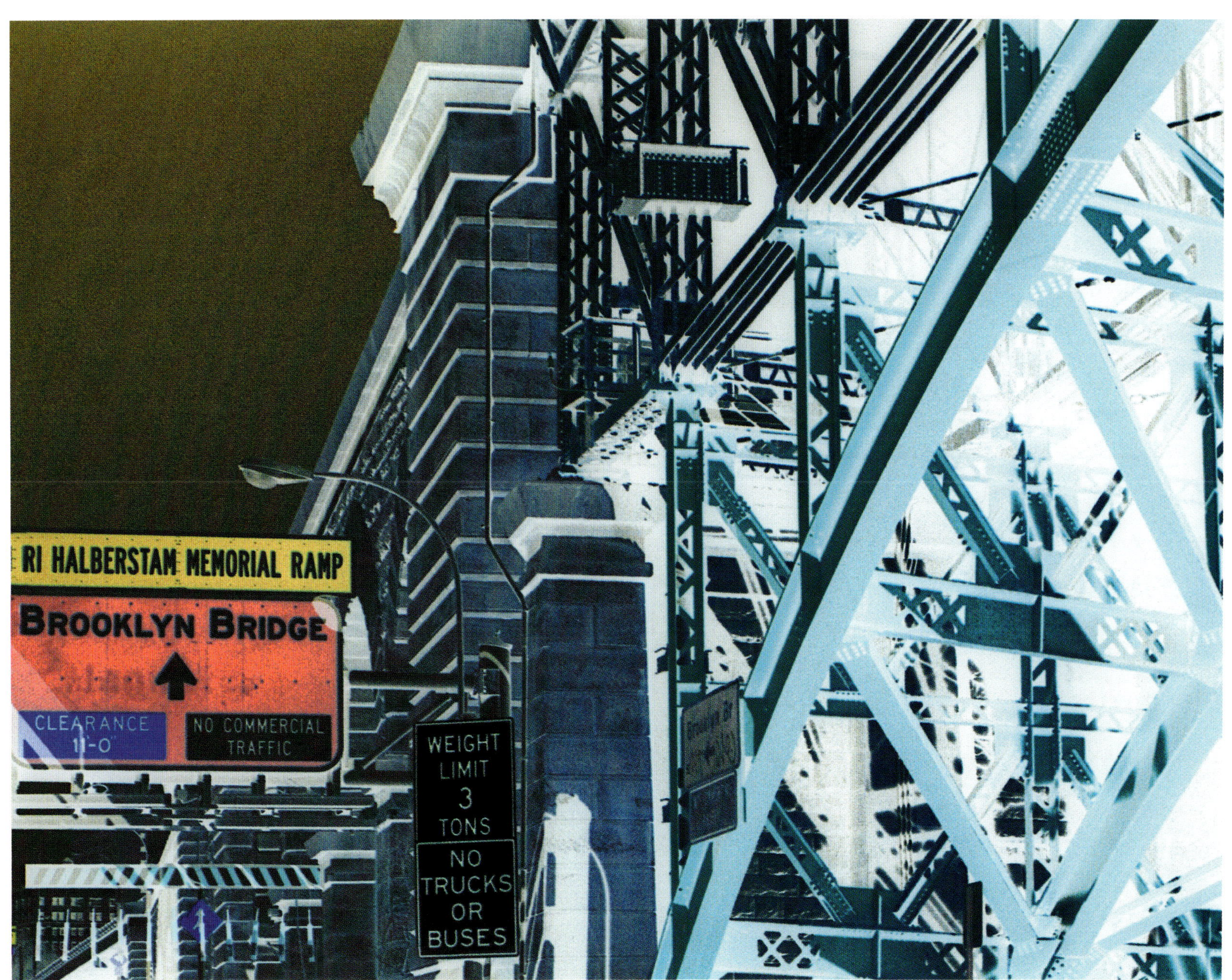
RI HALBERSTAM MEMORIAL RAMP
BROOKLYN BRIDGE
CLEARANCE 11'-0"
NO COMMERCIAL TRAFFIC
WEIGHT LIMIT 3 TONS
NO TRUCKS OR BUSES

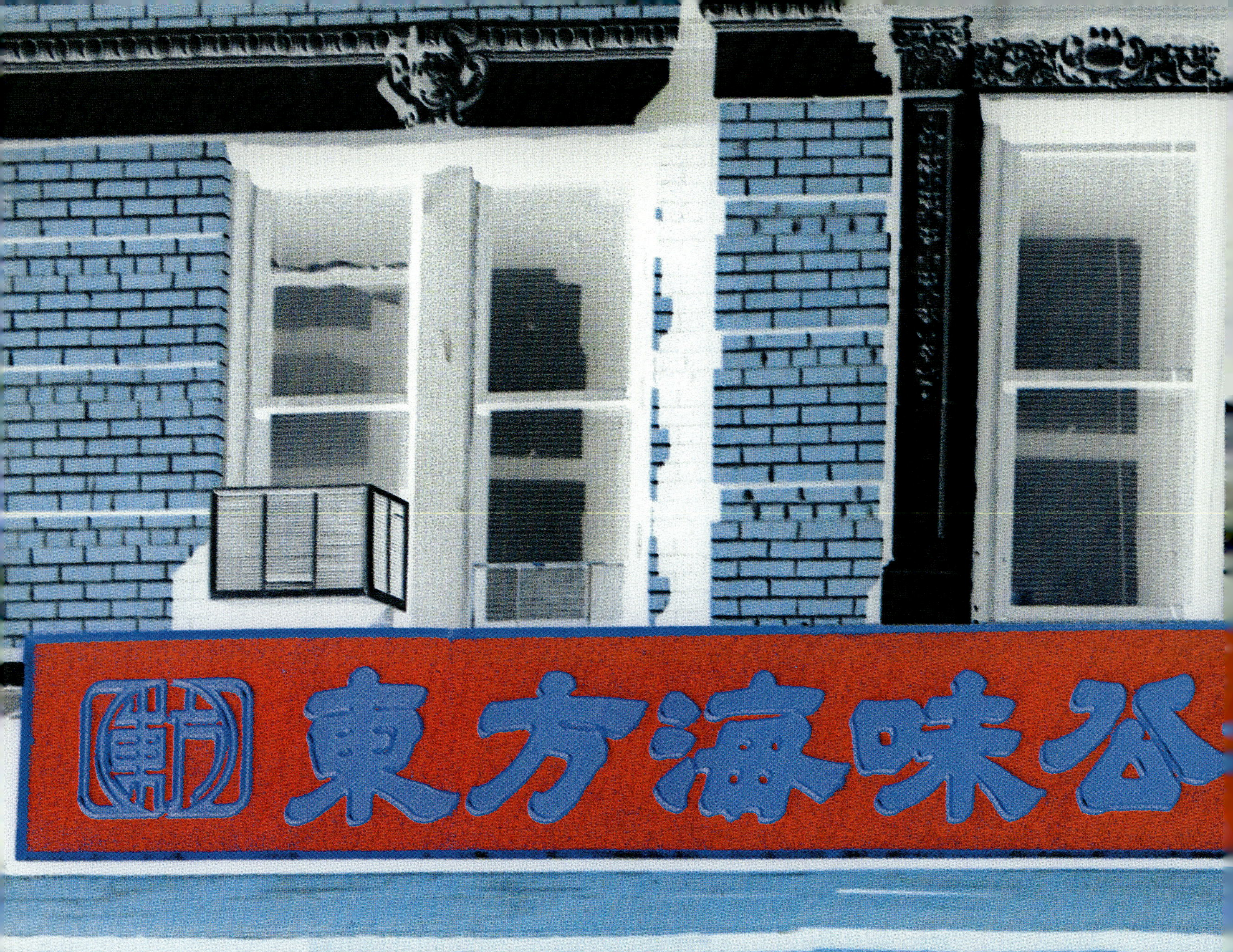
東方海味公

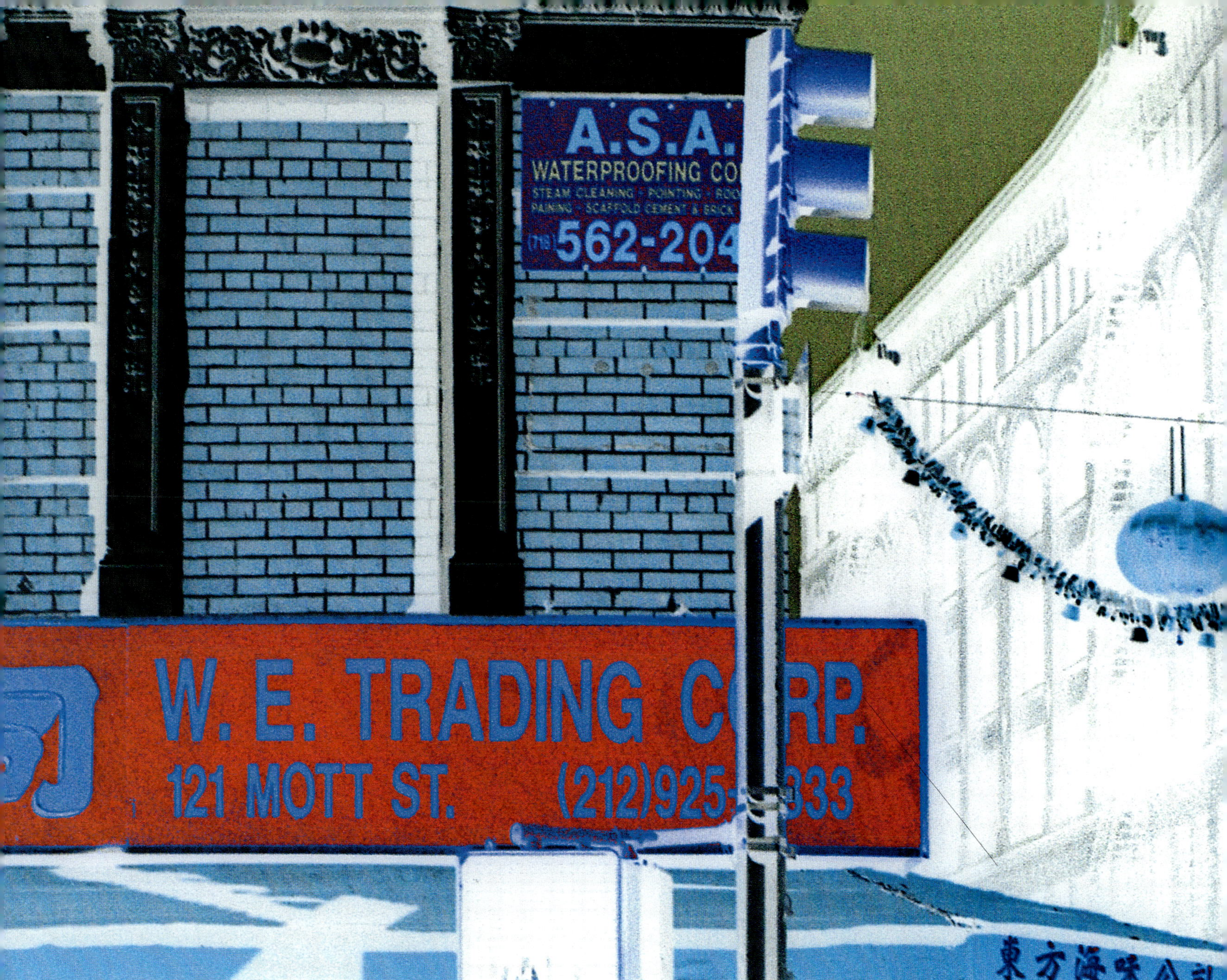
A.S.A.
WATERPROOFING CO
562-204
W. E. TRADING CORP.
121 MOTT ST.
(212)925-
333
東方海味公司

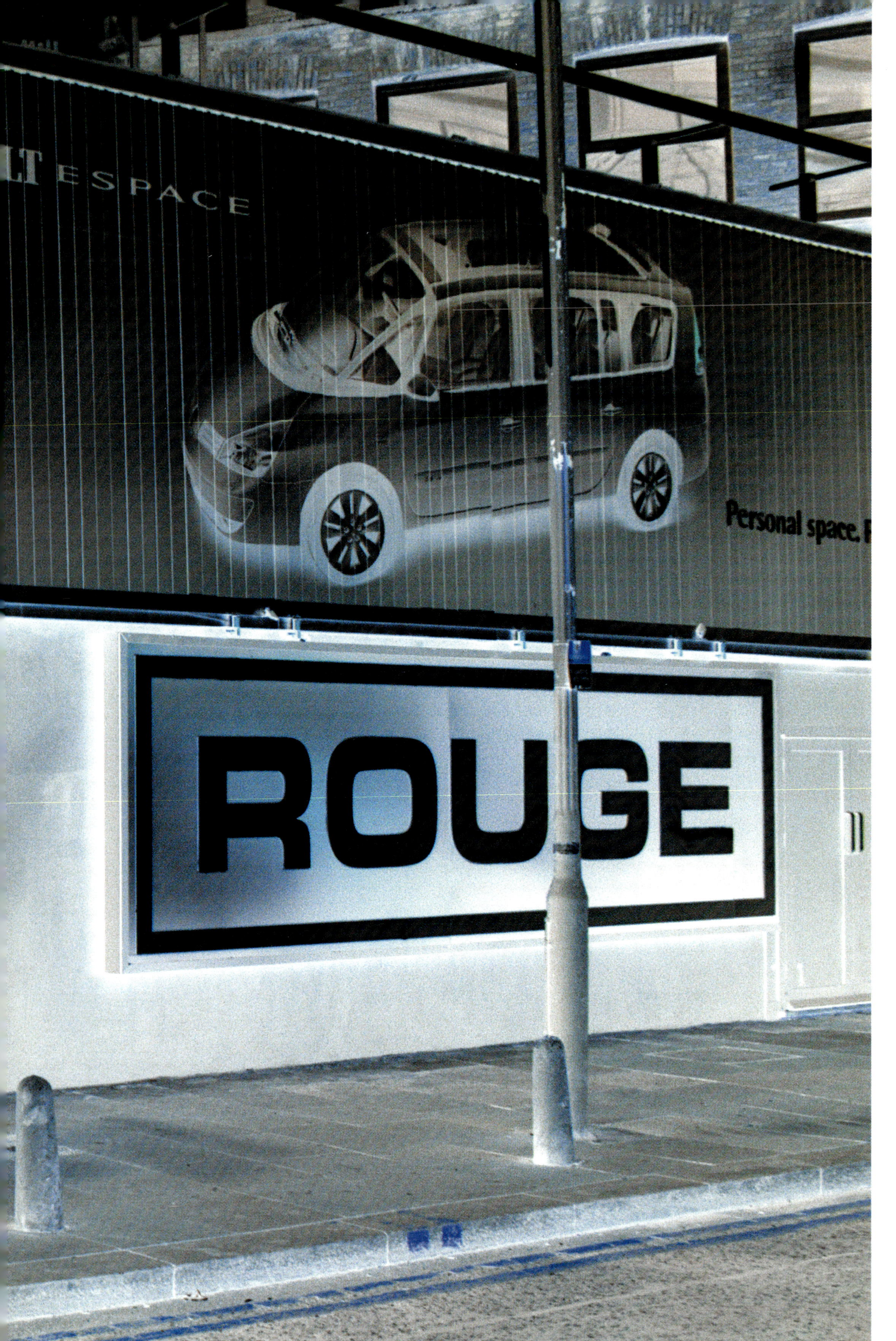
LT ESPACE
Personal space. R
ROUGE

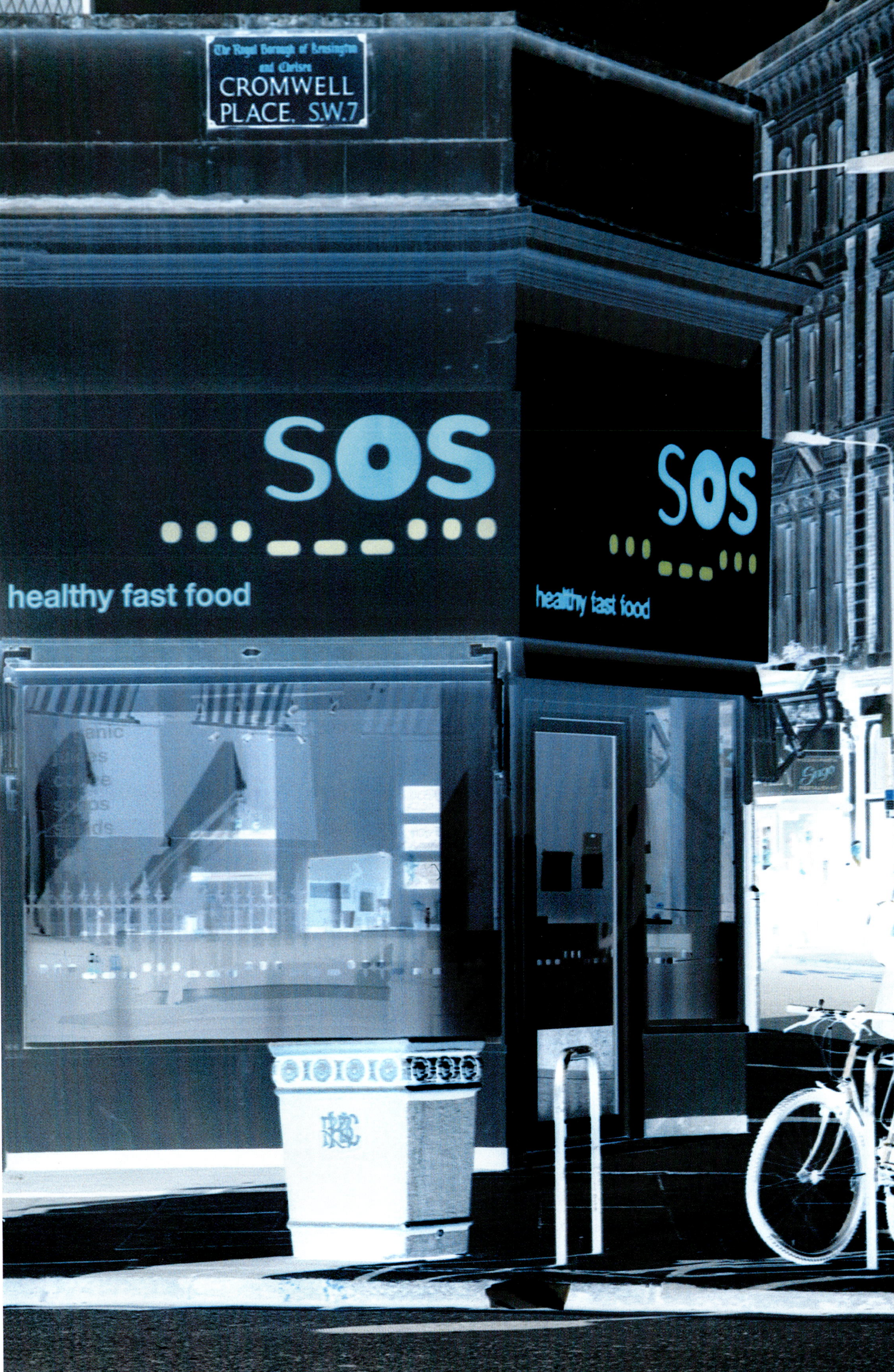
The Royal Borough of Kensington
and Chelsea
CROMWELL
PLACE. S.W.7
SOS
healthy fast food
SOS
healthy fast food

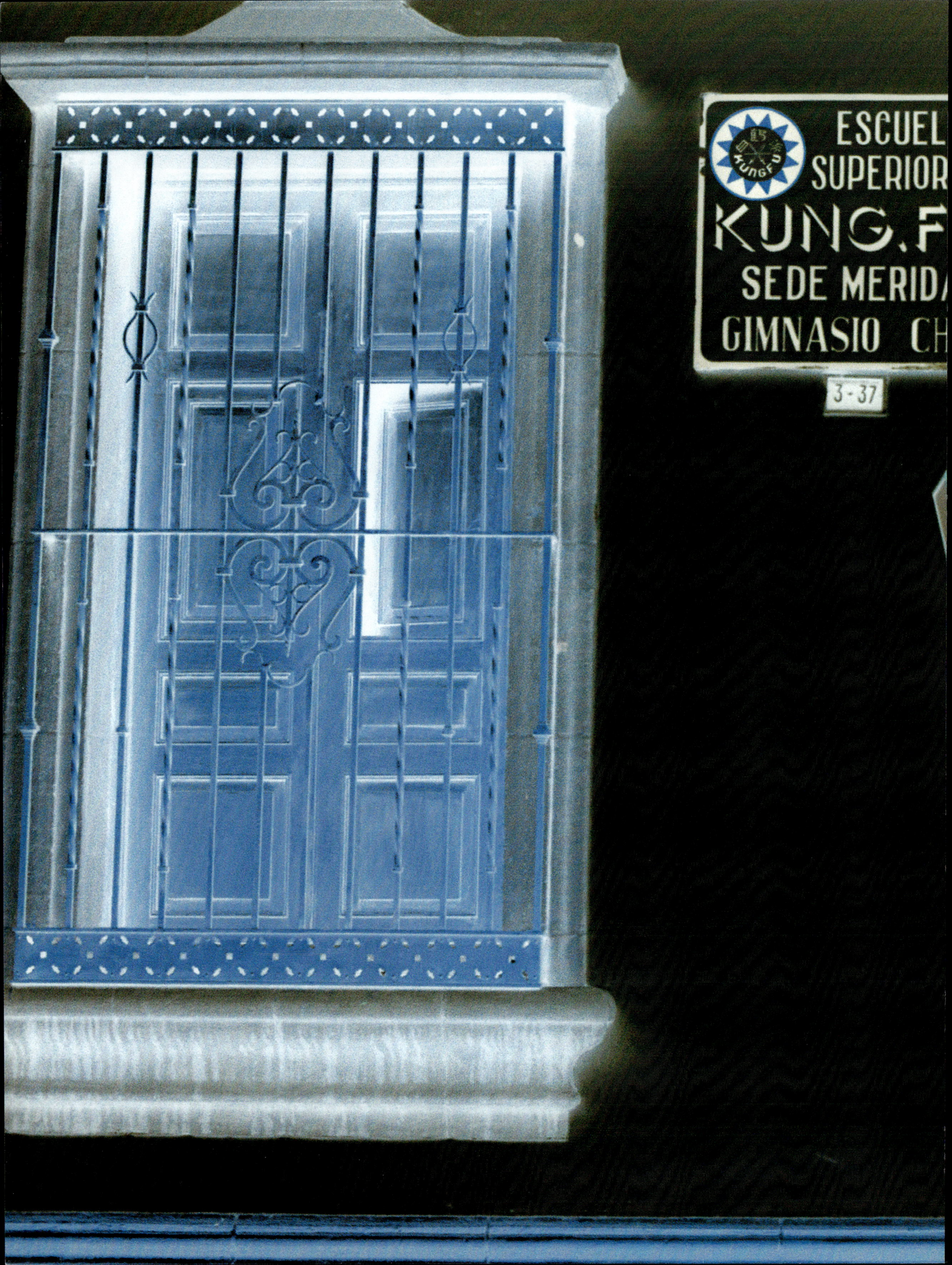

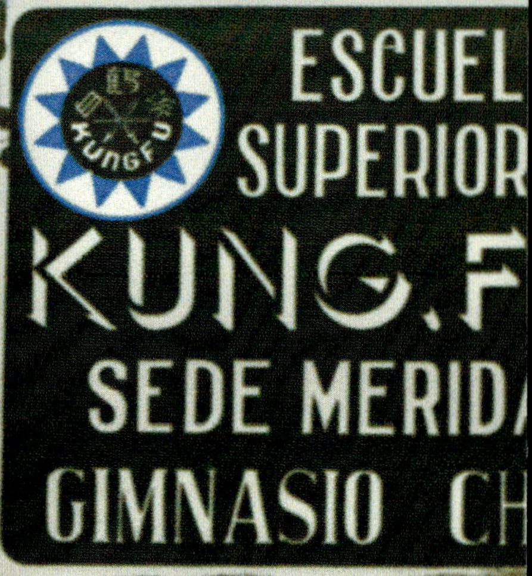
ESCUEL
SUPERIOR
KUNG.F
SEDE MERIDA
GIMNASIO CH
3-37

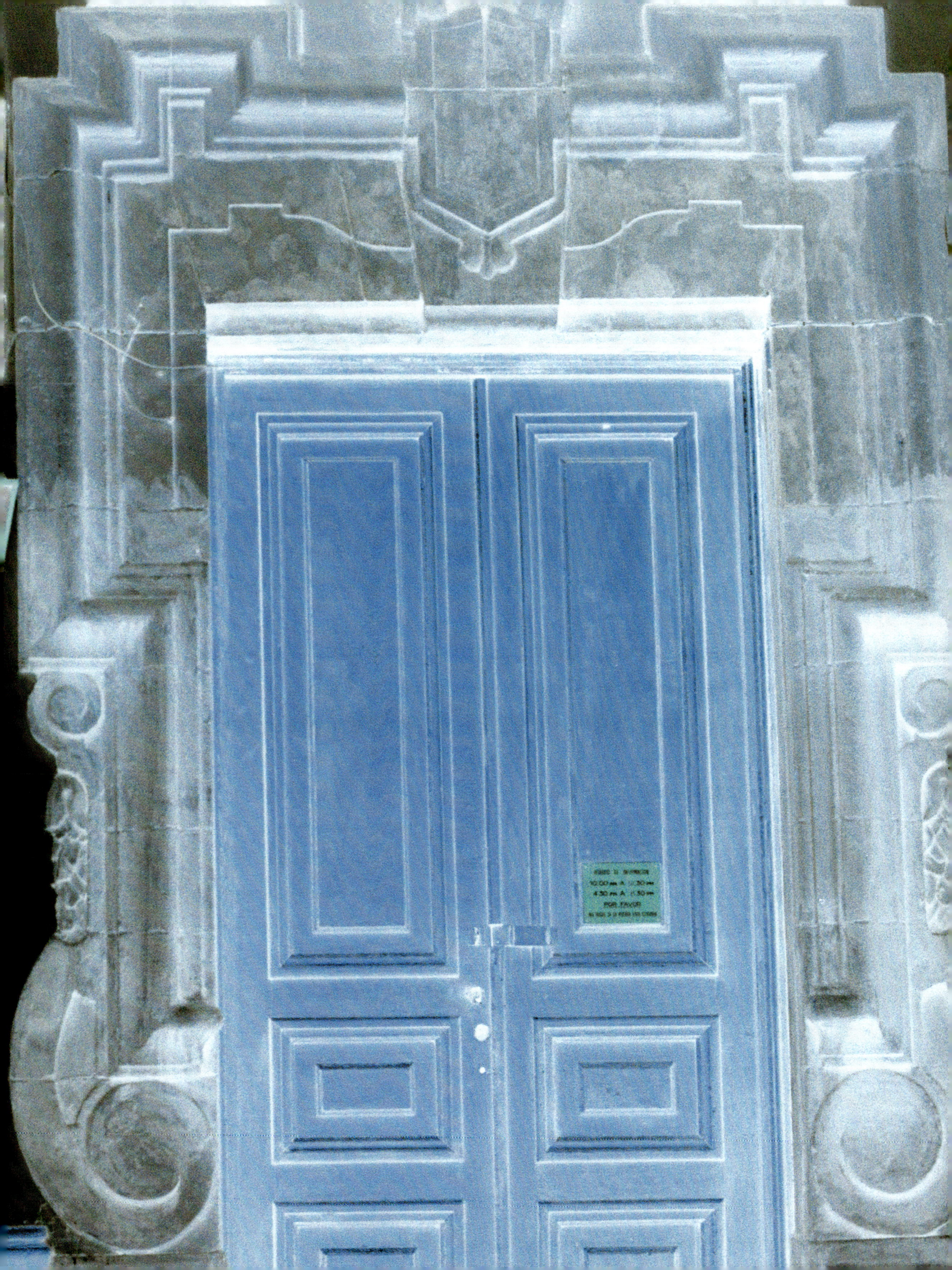
POR FAVOR

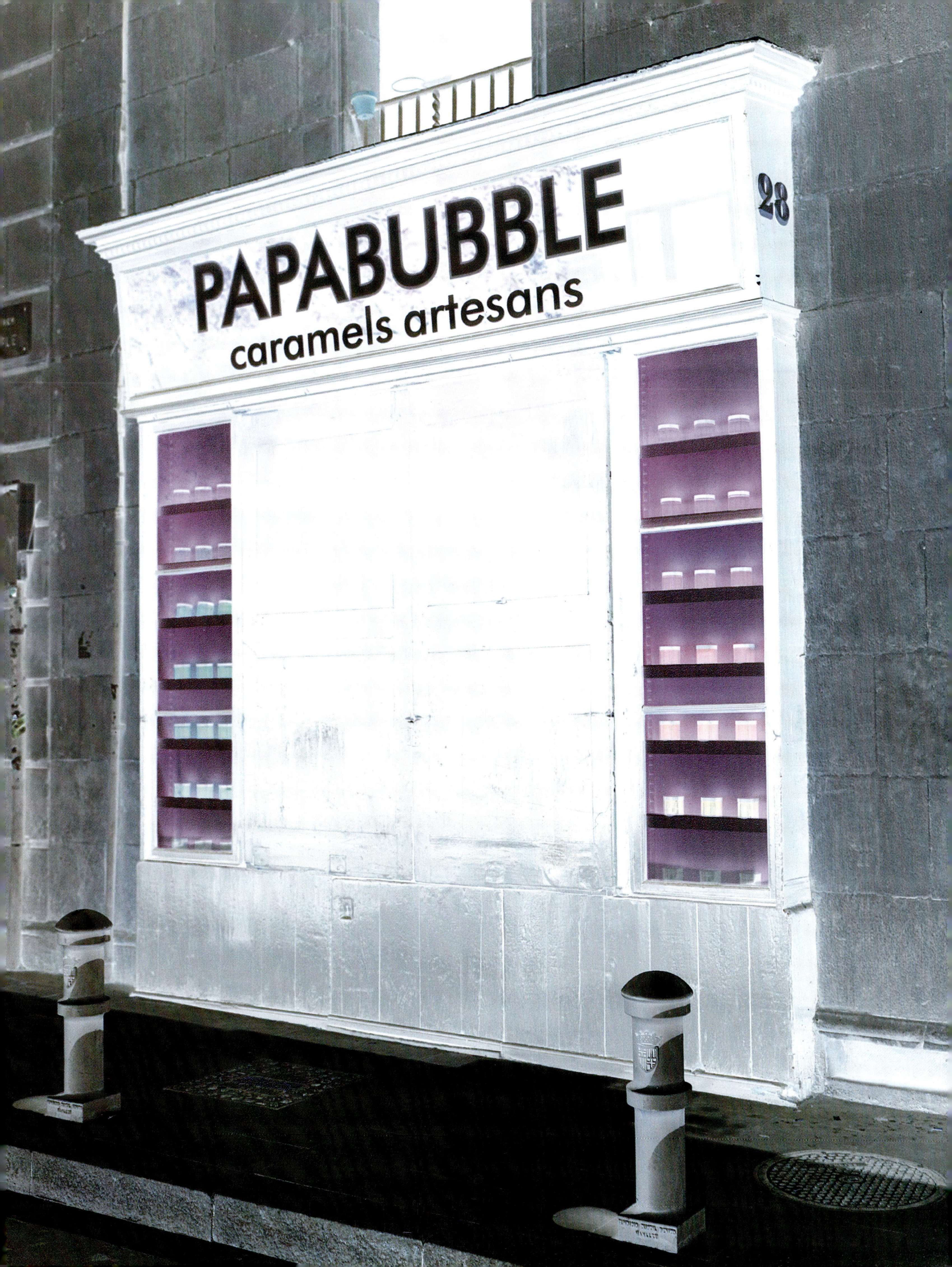
PAPABUBBLE
caramels artesans
28

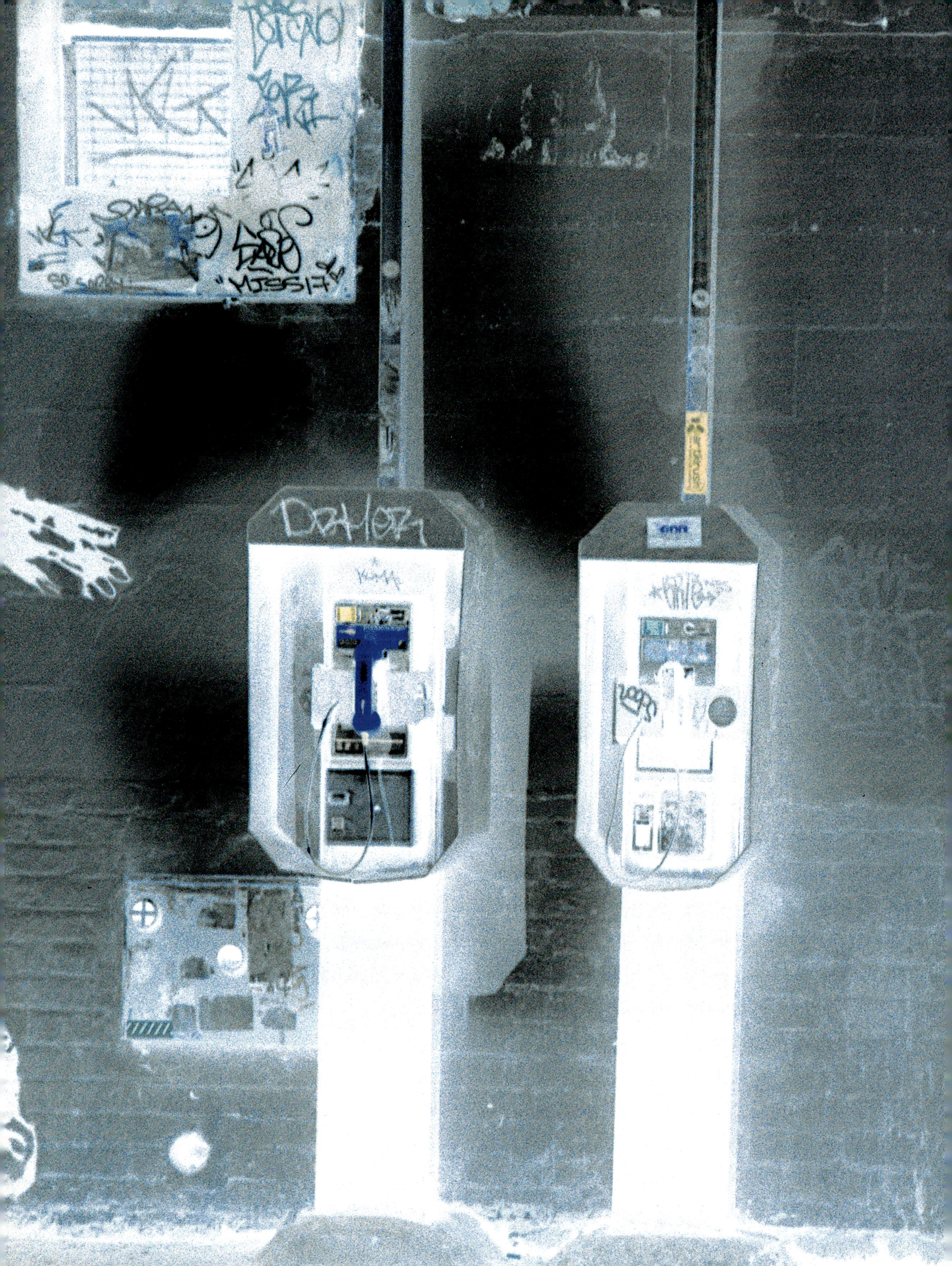

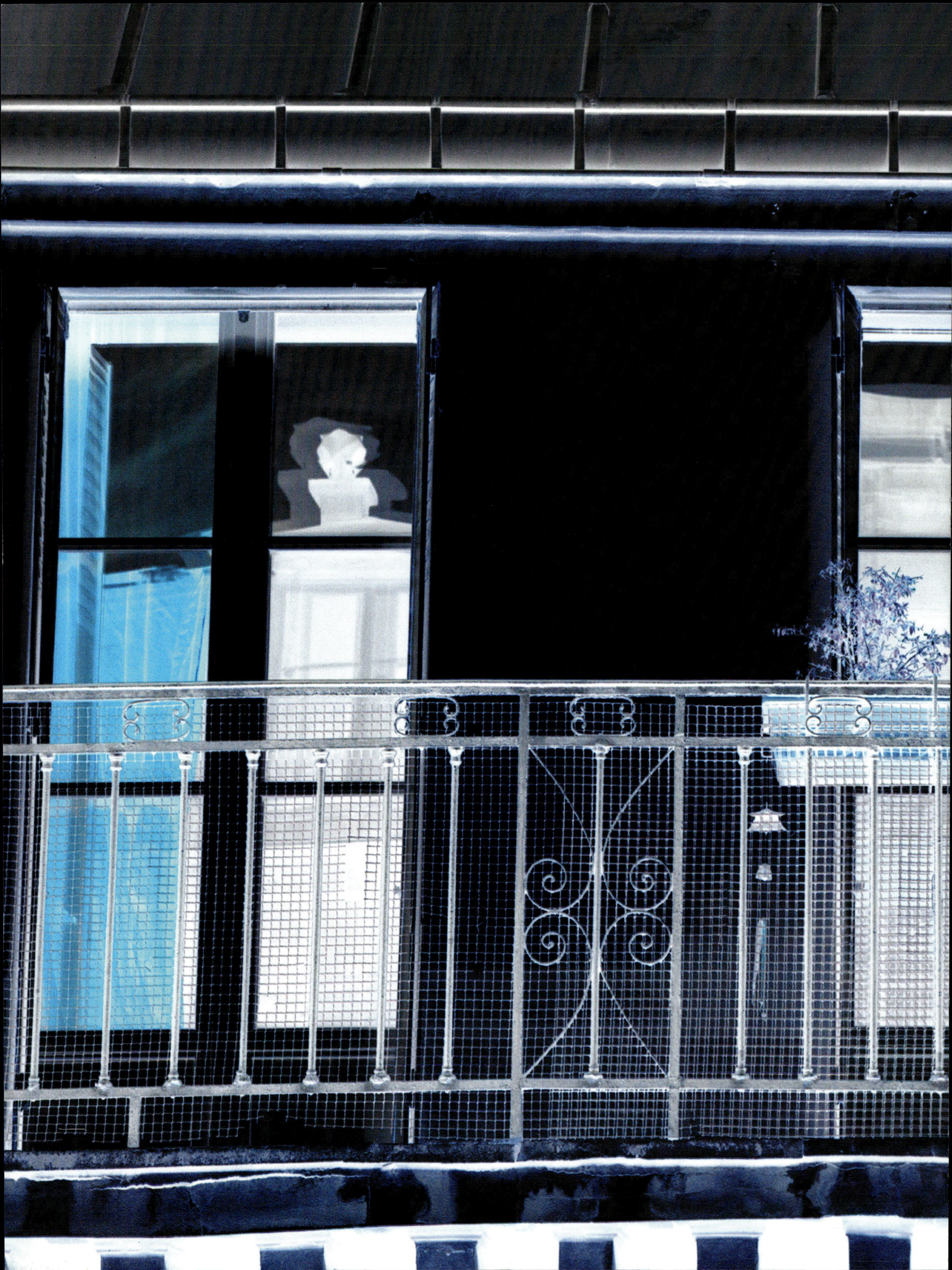

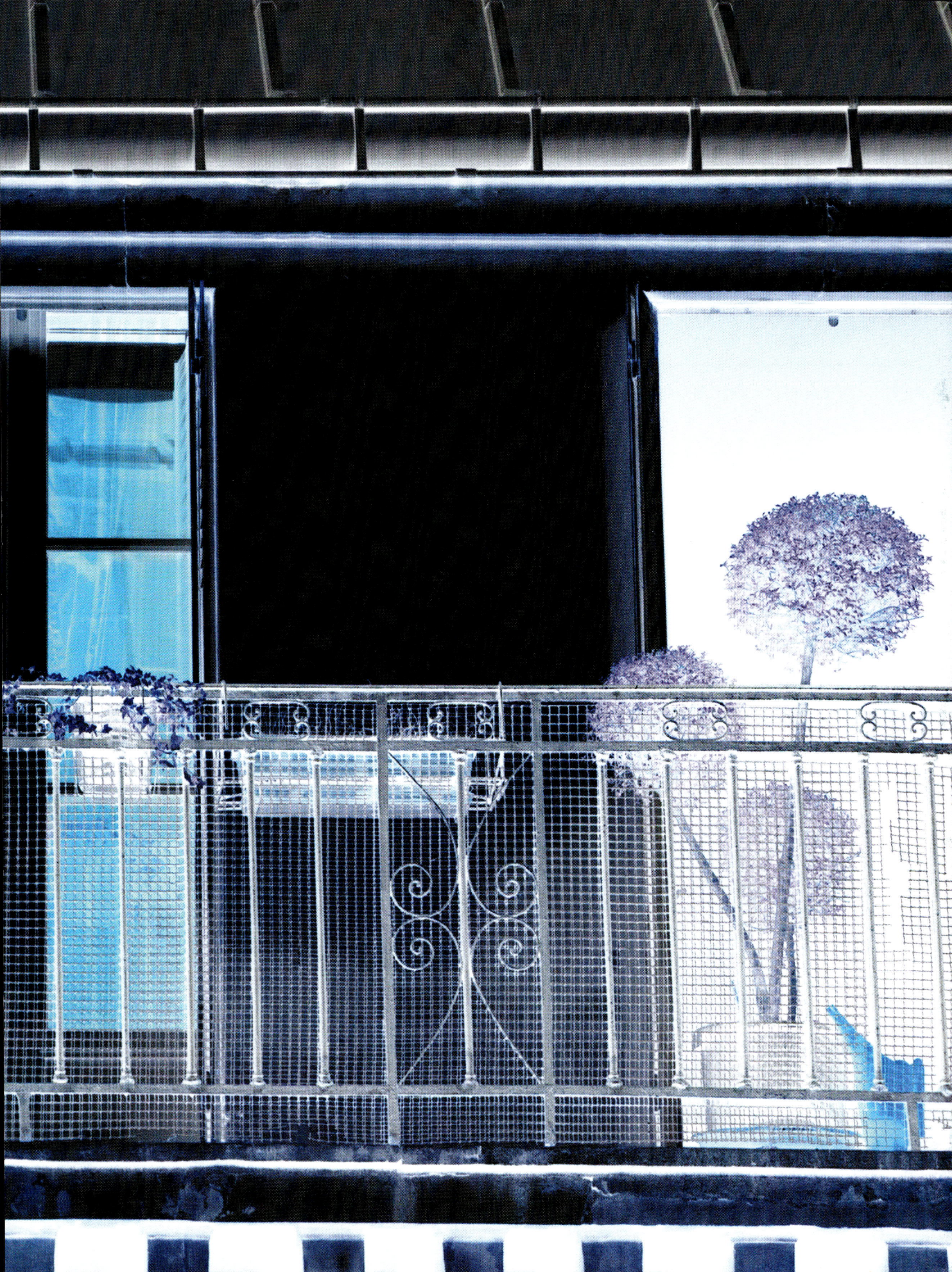

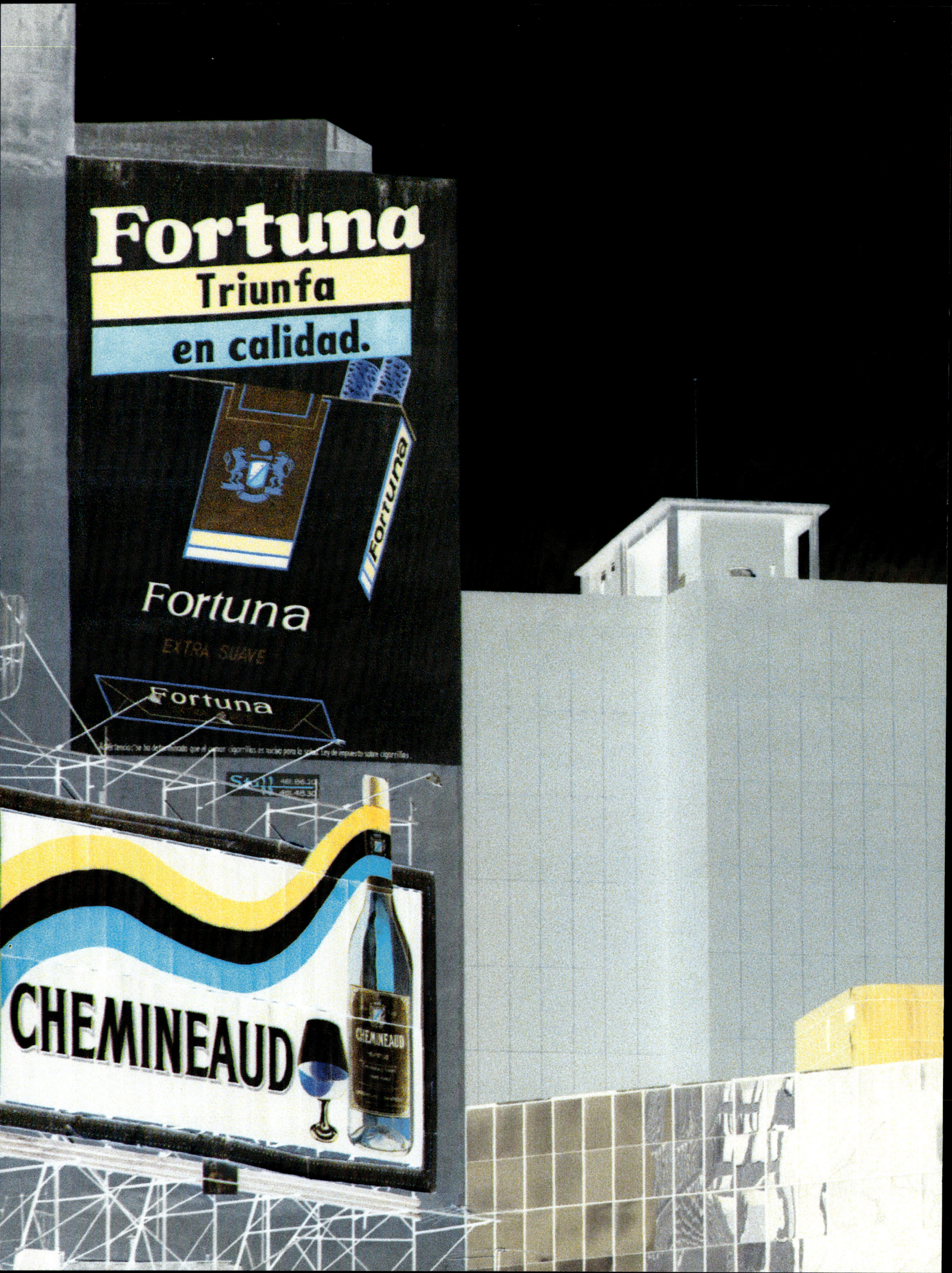

Fortuna

Triunfa

en calidad.

Fortuna

Fortuna

EXTRA SUAVE

Fortuna

CHEMINEAUD

CHEMINEAUD

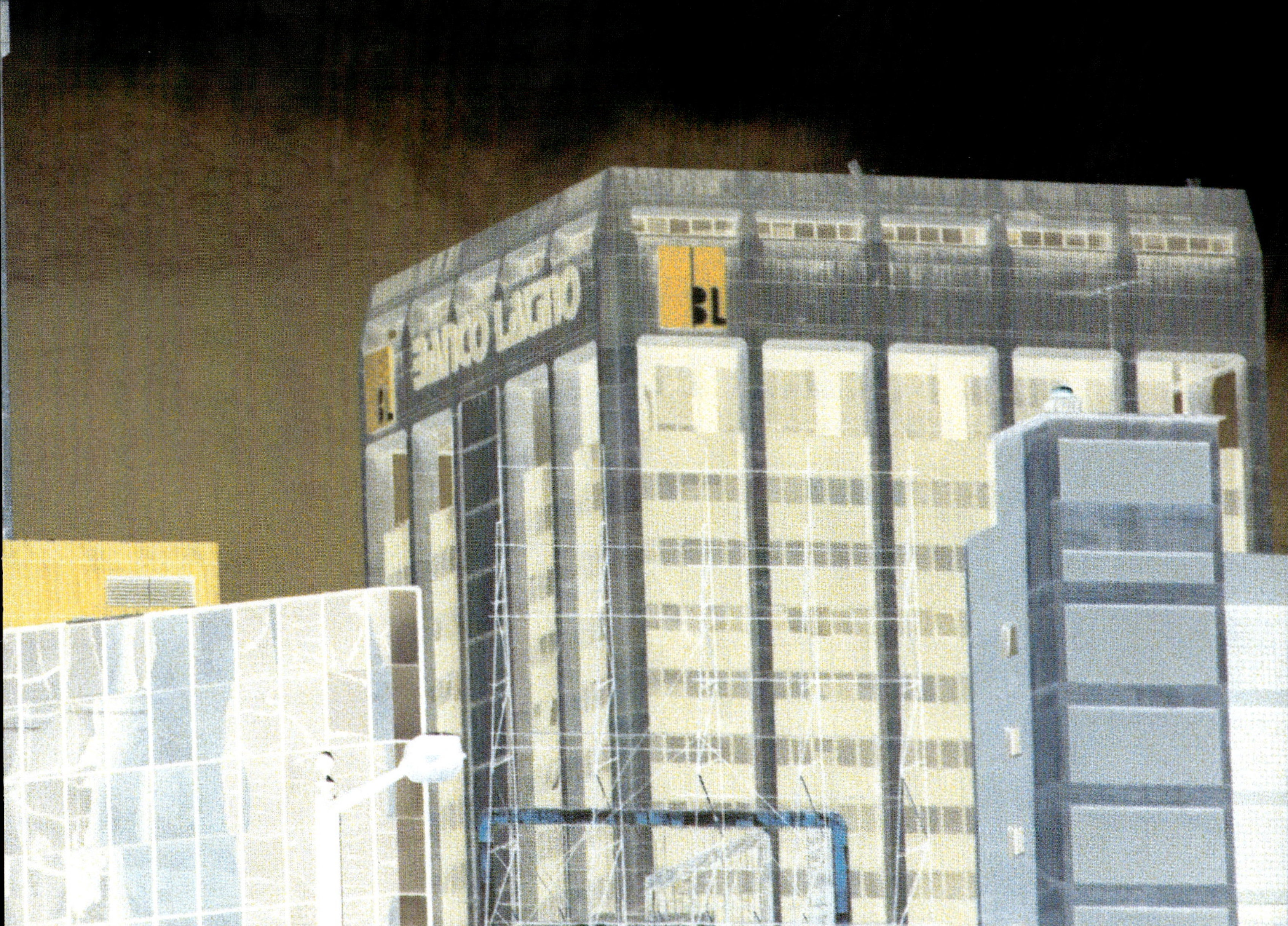
BANCO LATINO
BL
BL

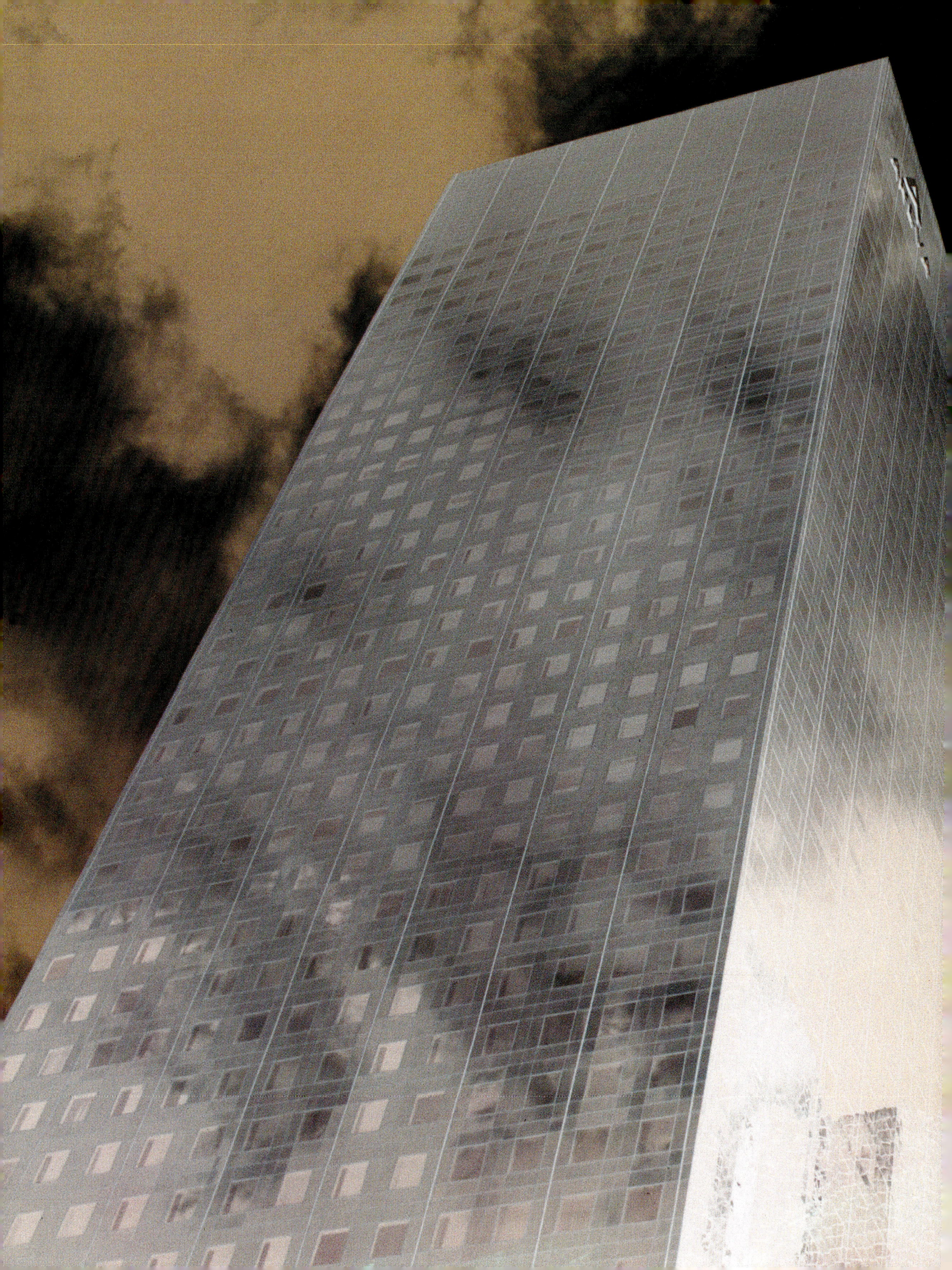

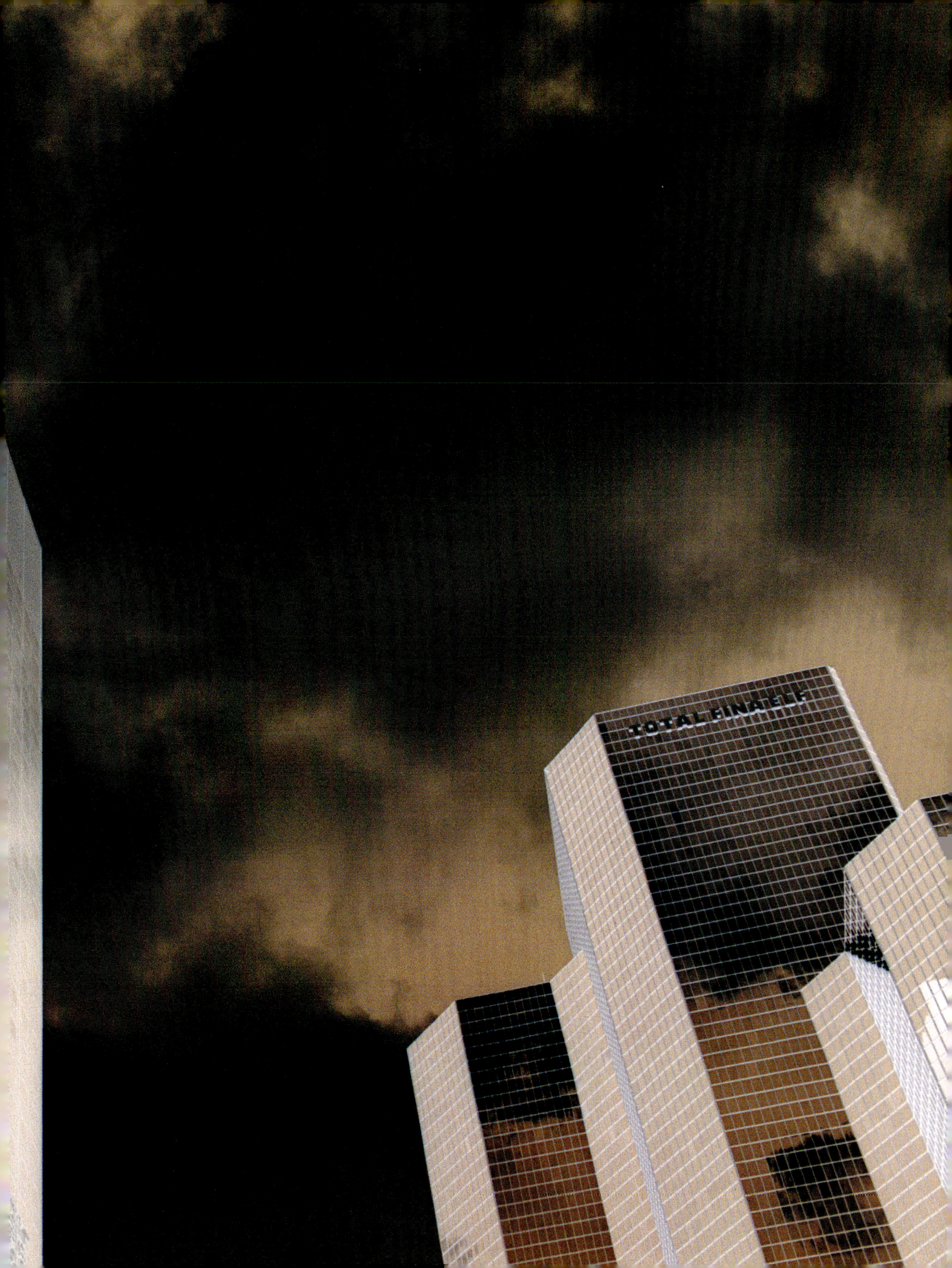
TOTAL FINA ELF

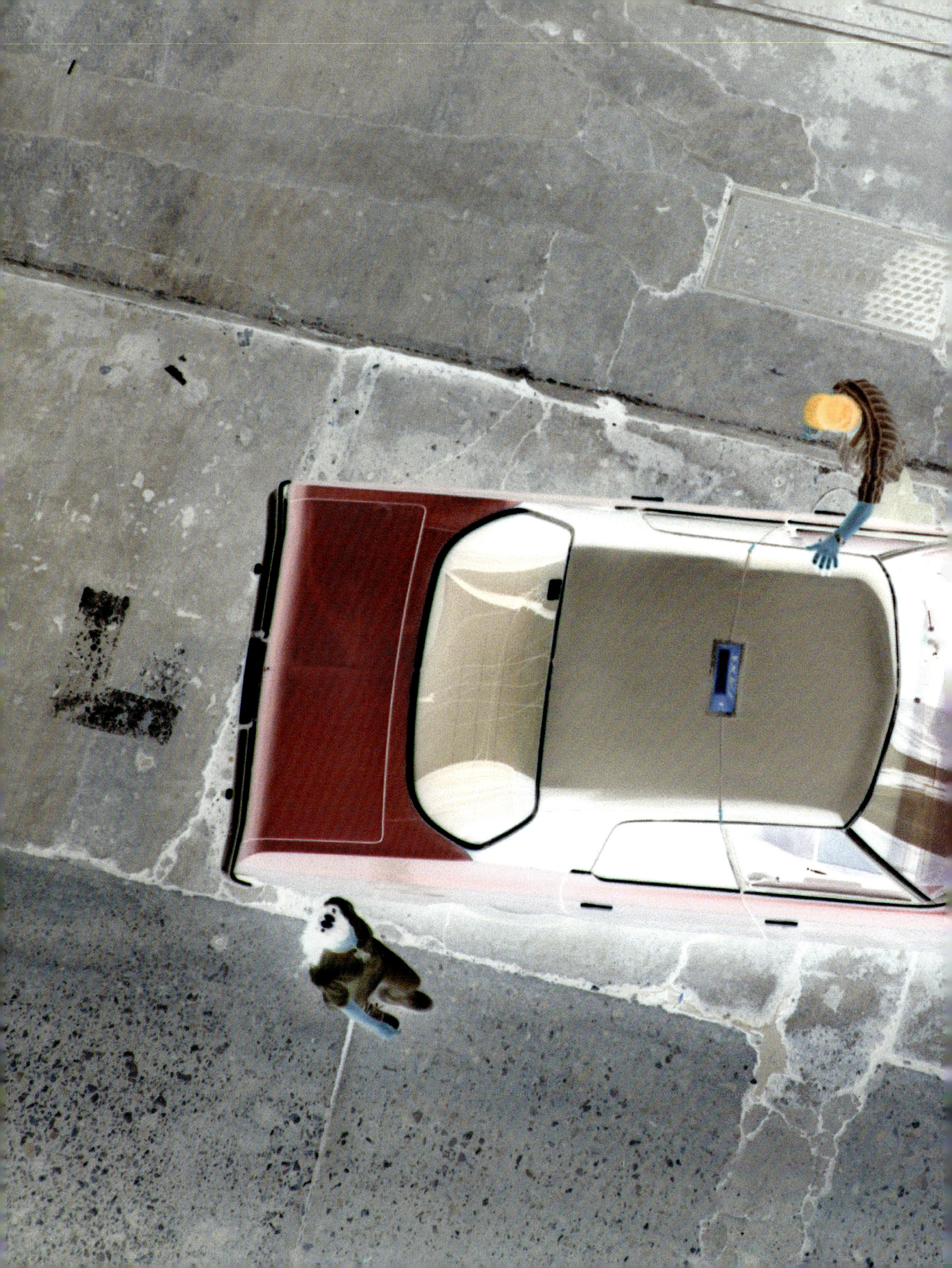

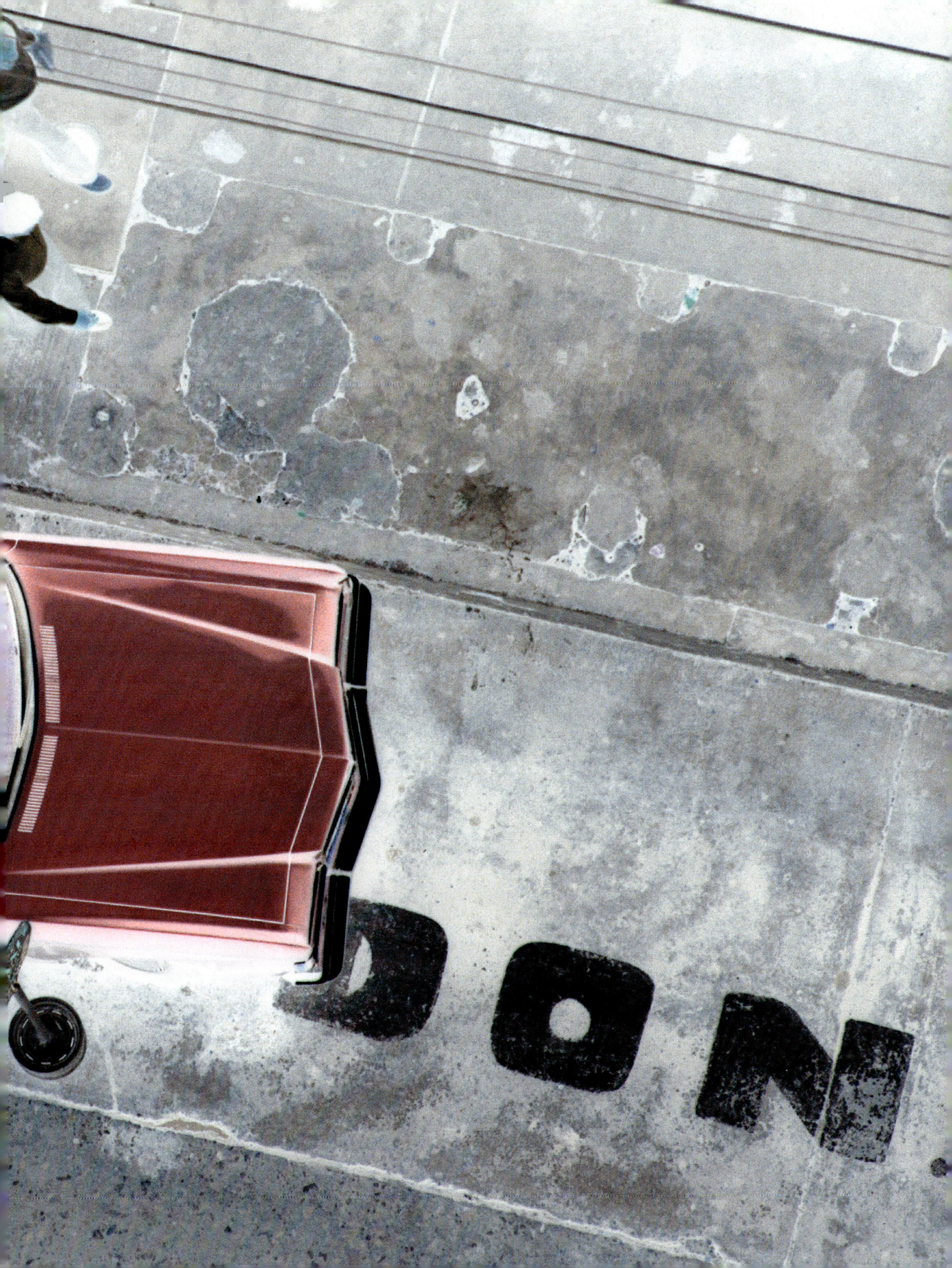
DON

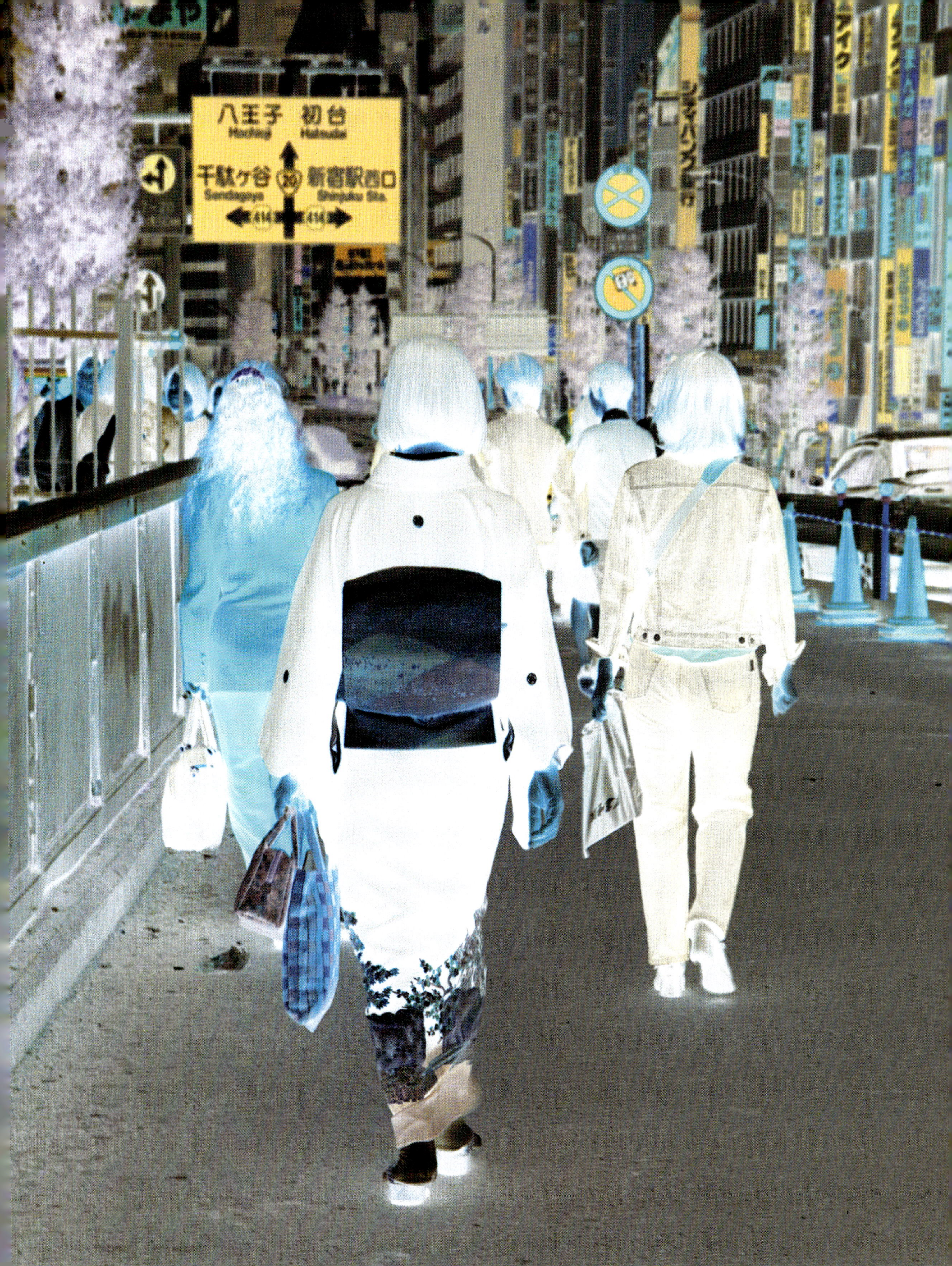
八王子 初台
Hachioji Hatsudai
千駄ケ谷 新宿駅西口
Sendagaya Shinjuku Sta.
20
414 414

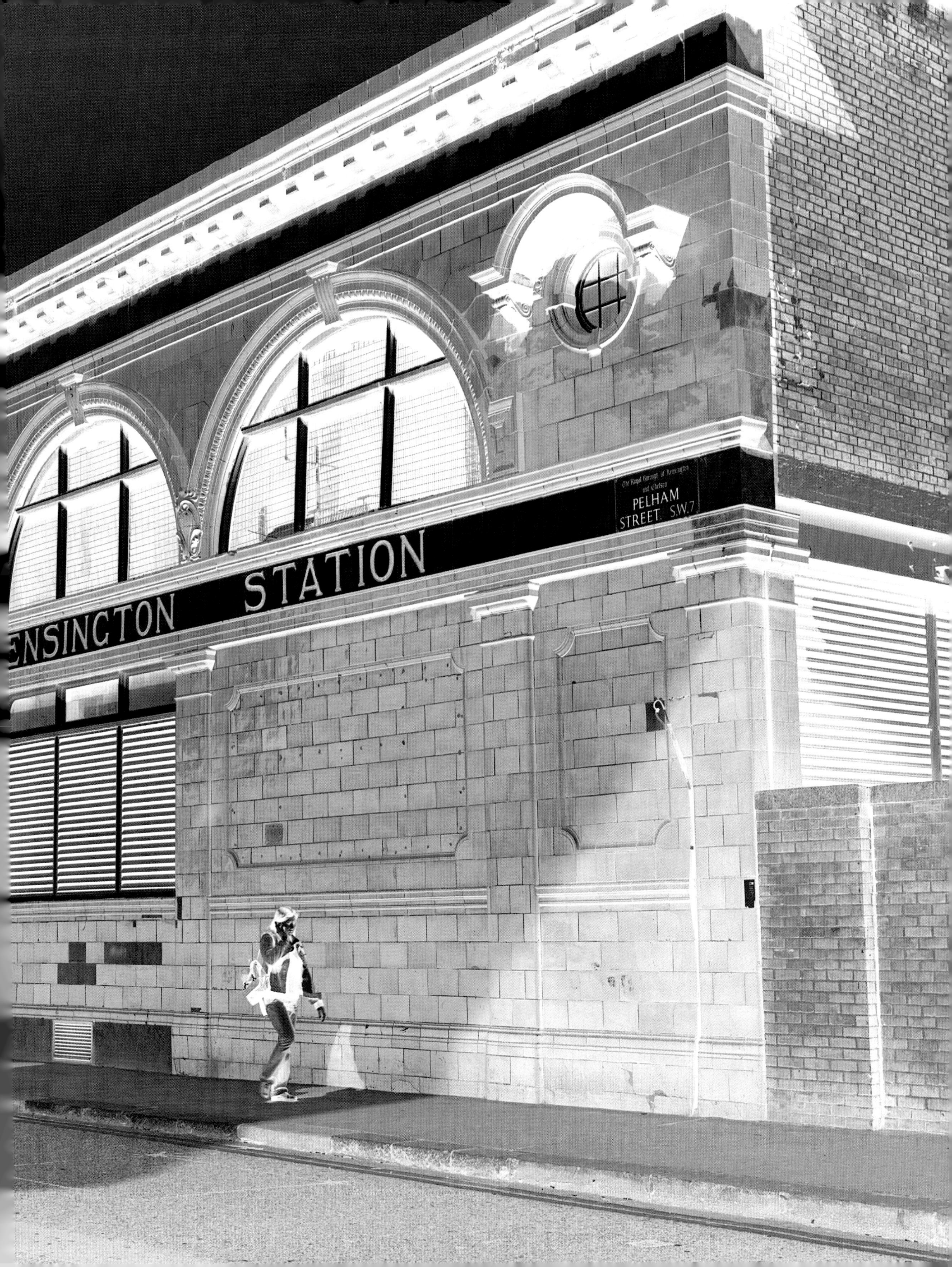
The Royal Borough of Kensington
and Chelsea
PELHAM
STREET. S.W.7
ENSINGTON STATION

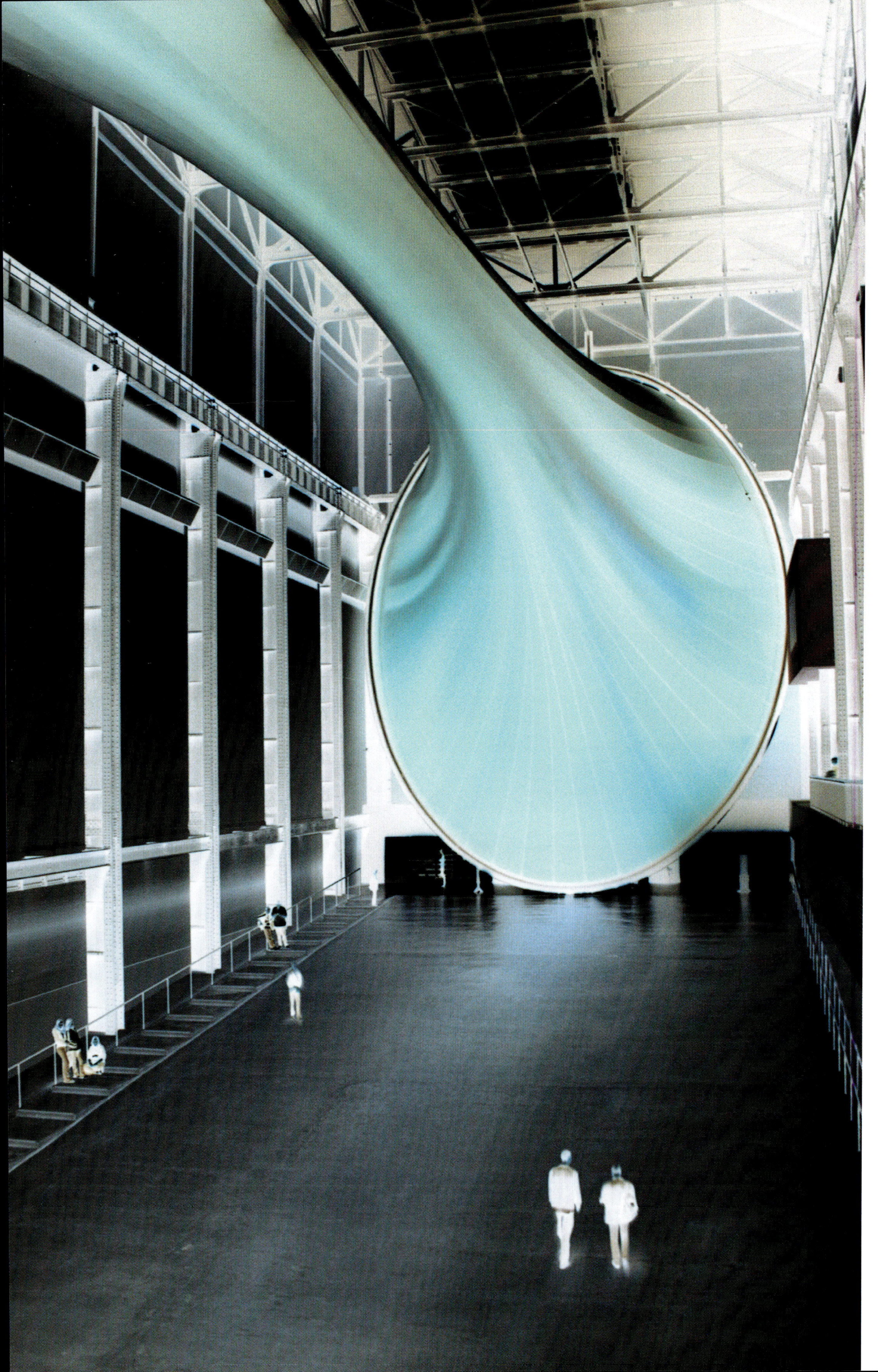

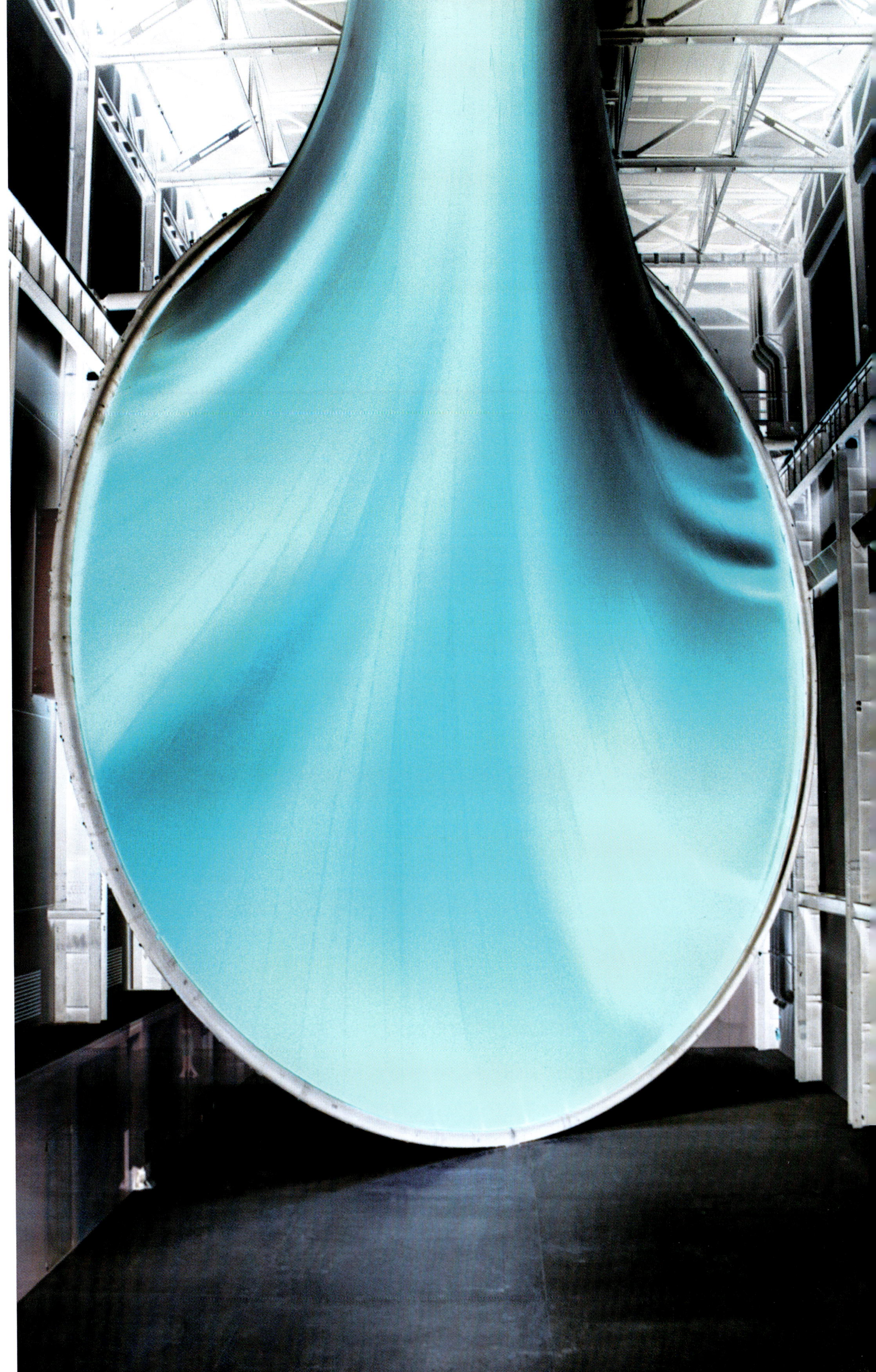

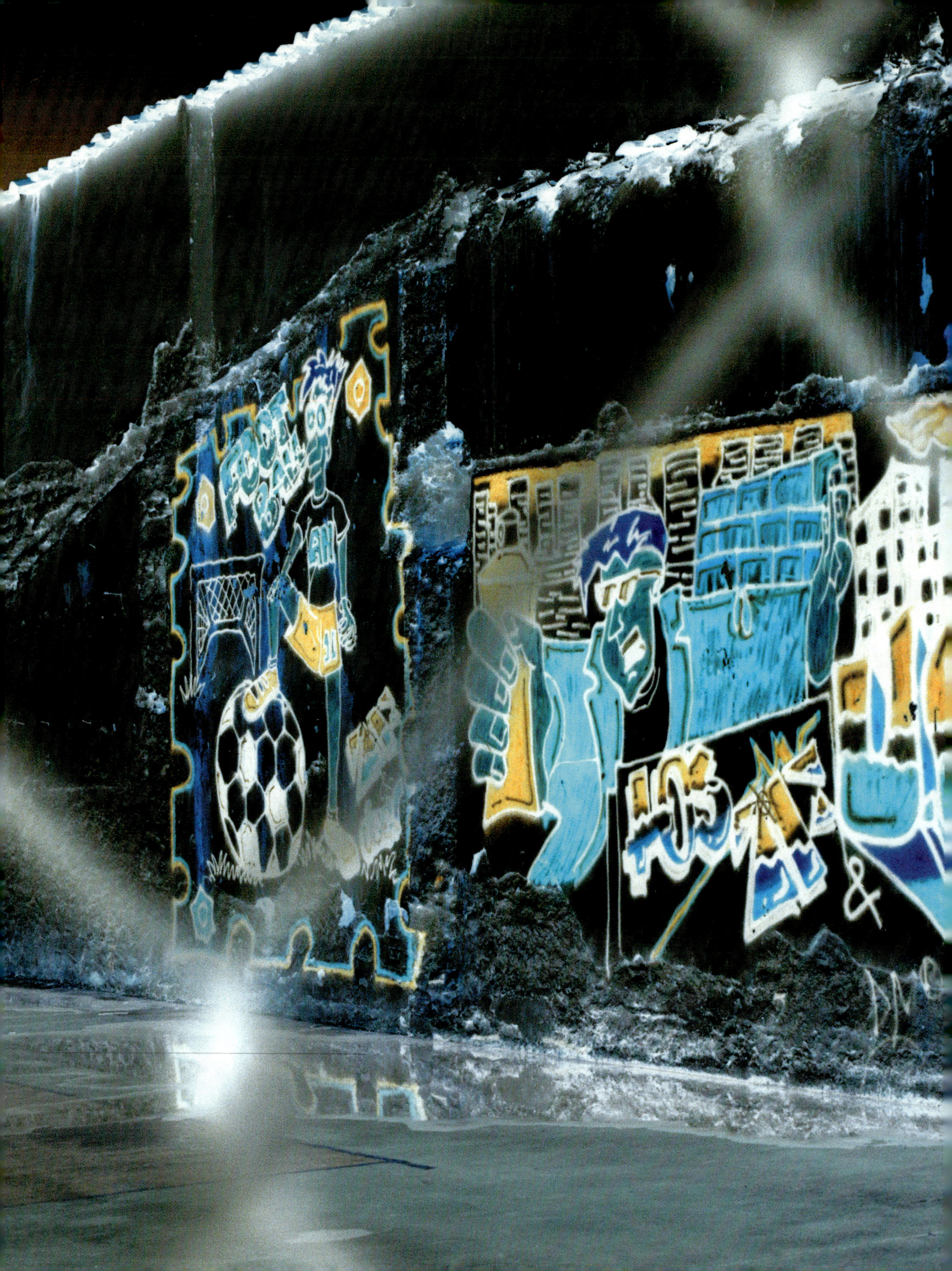

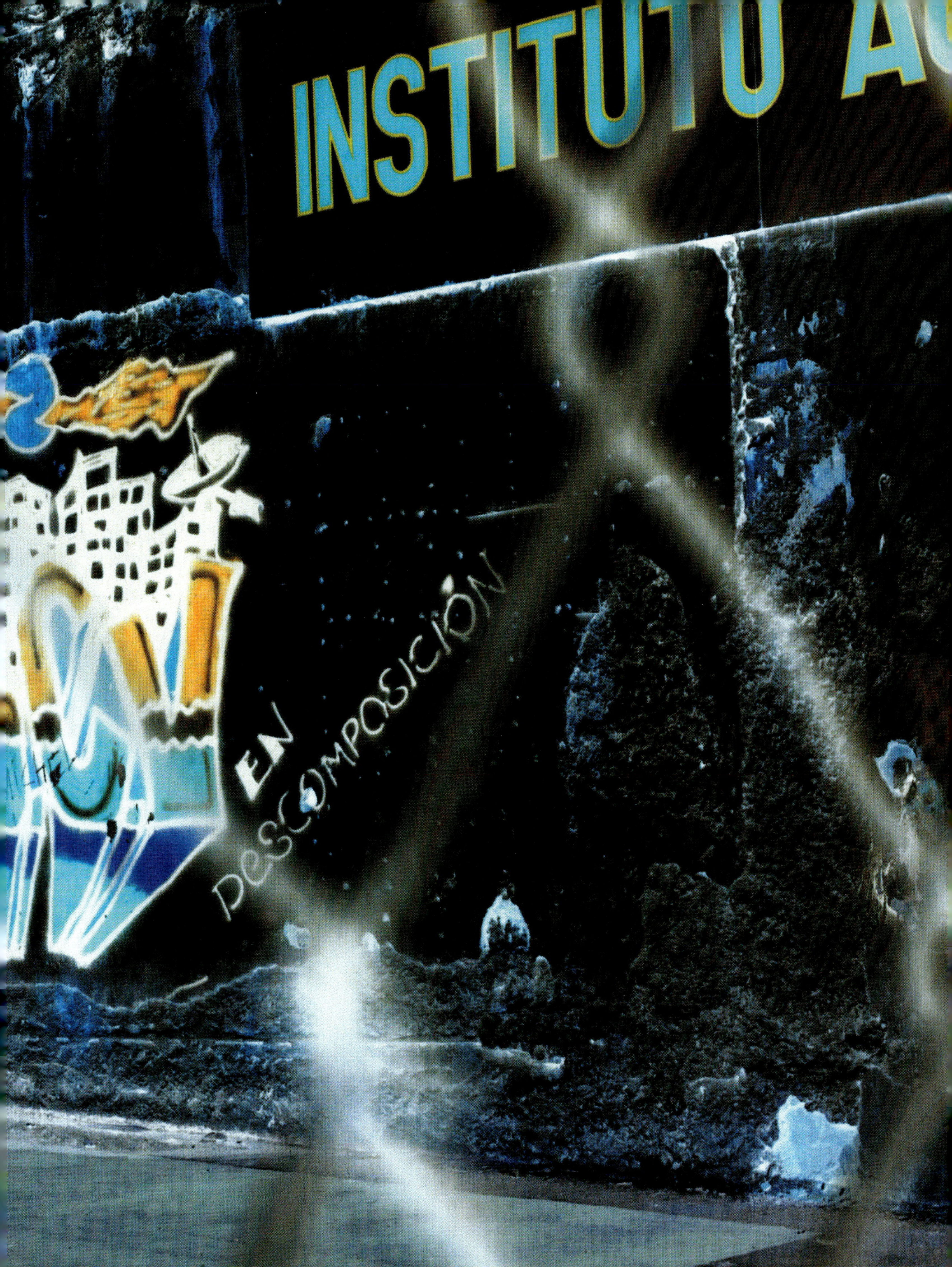
INSTITUTO
EN
DESCOMPOSICIÓN

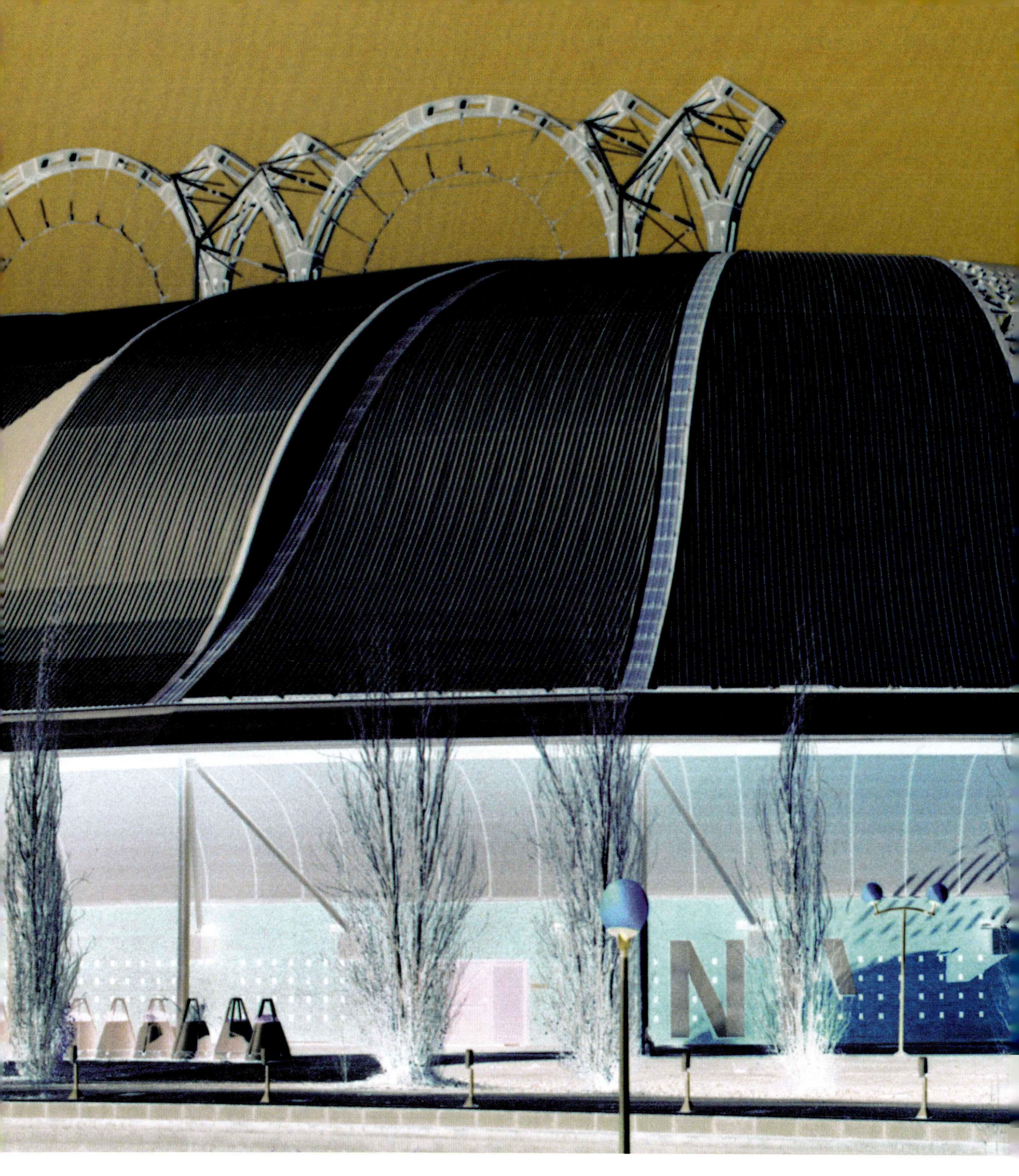

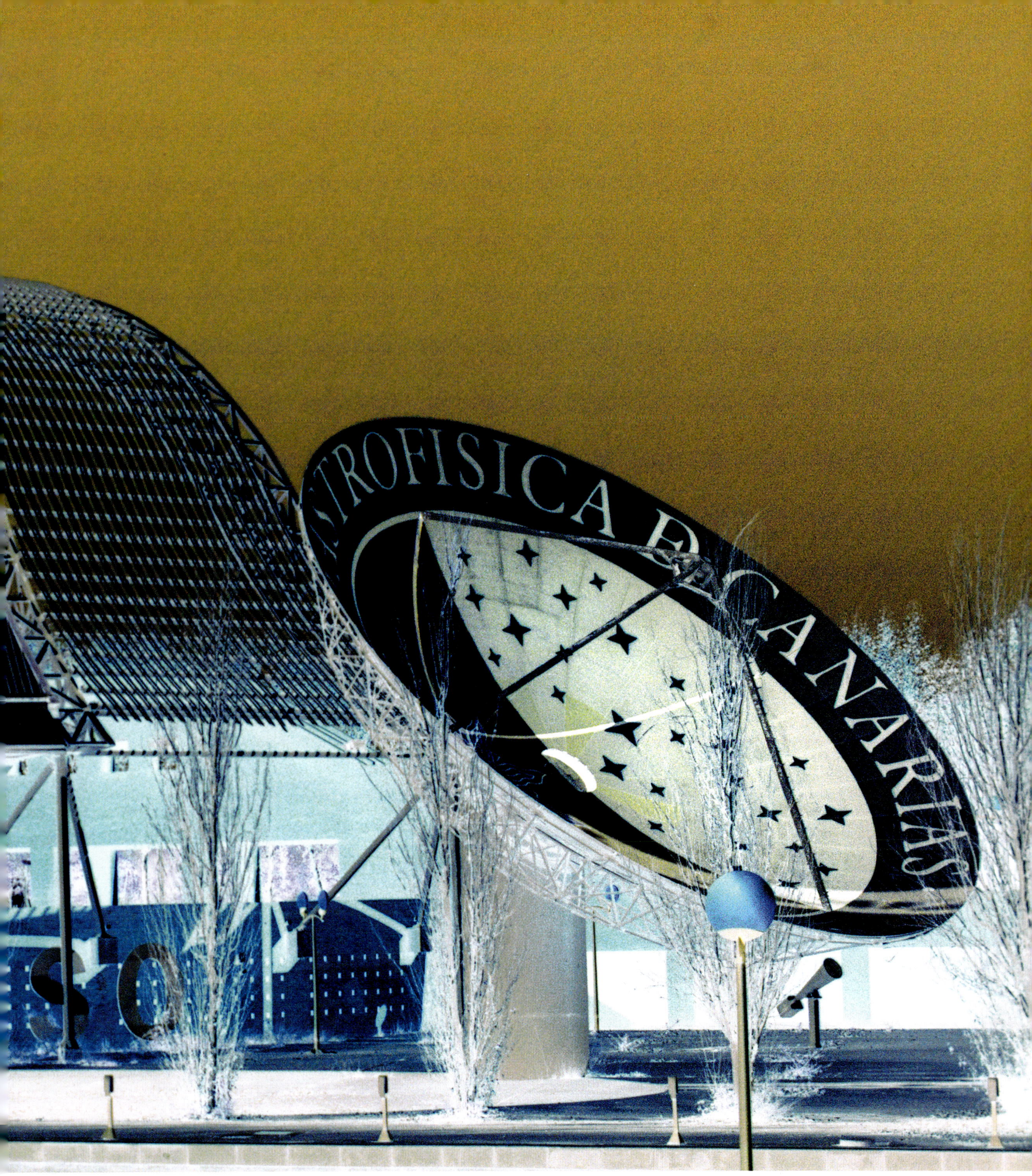
TROFISICA
CANARIAS

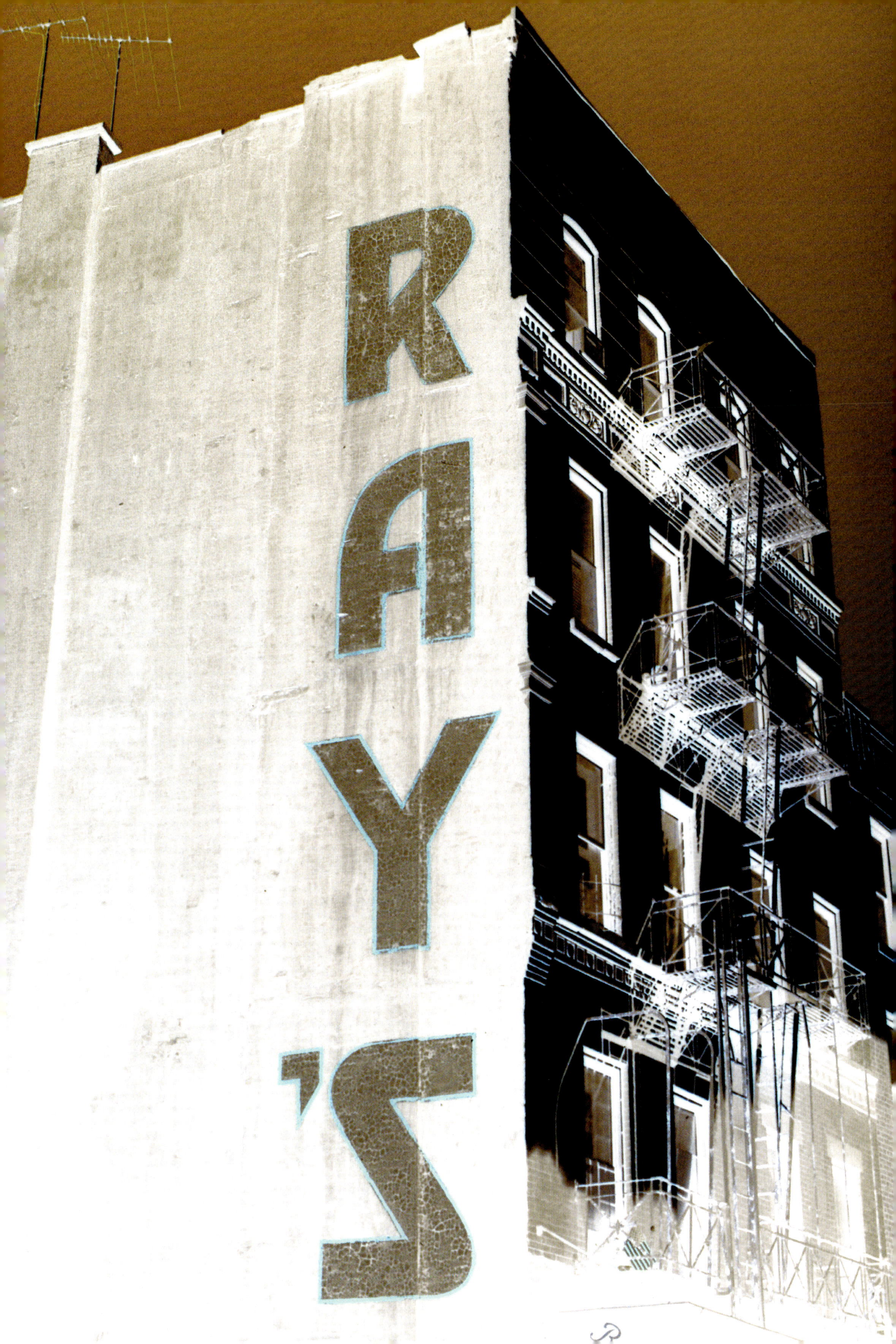
RAY'S

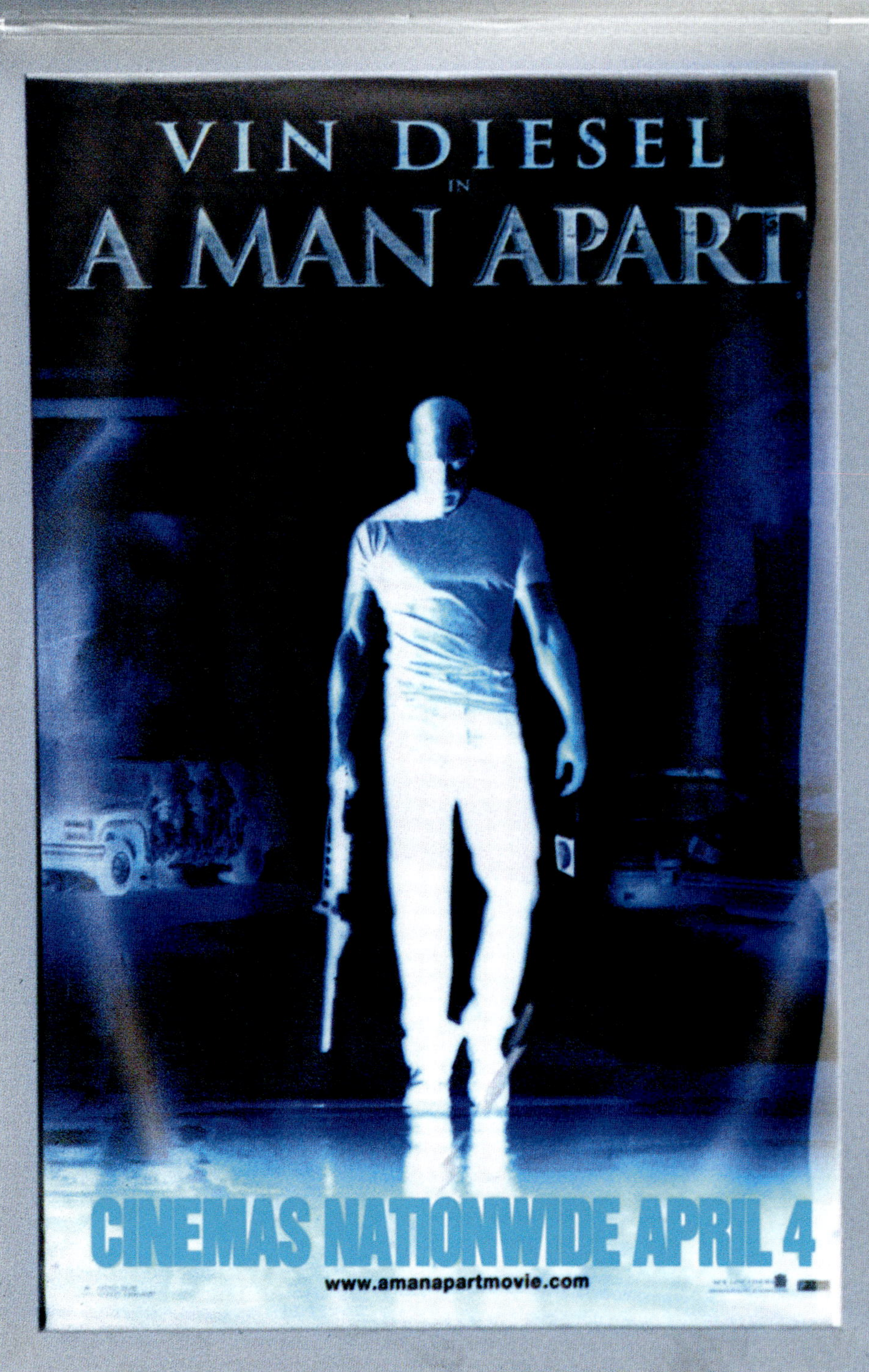
0120 0169
VIN DIESEL
IN
A MAN APART
CINEMAS NATIONWIDE APRIL 4
www.amanapartmovie.com

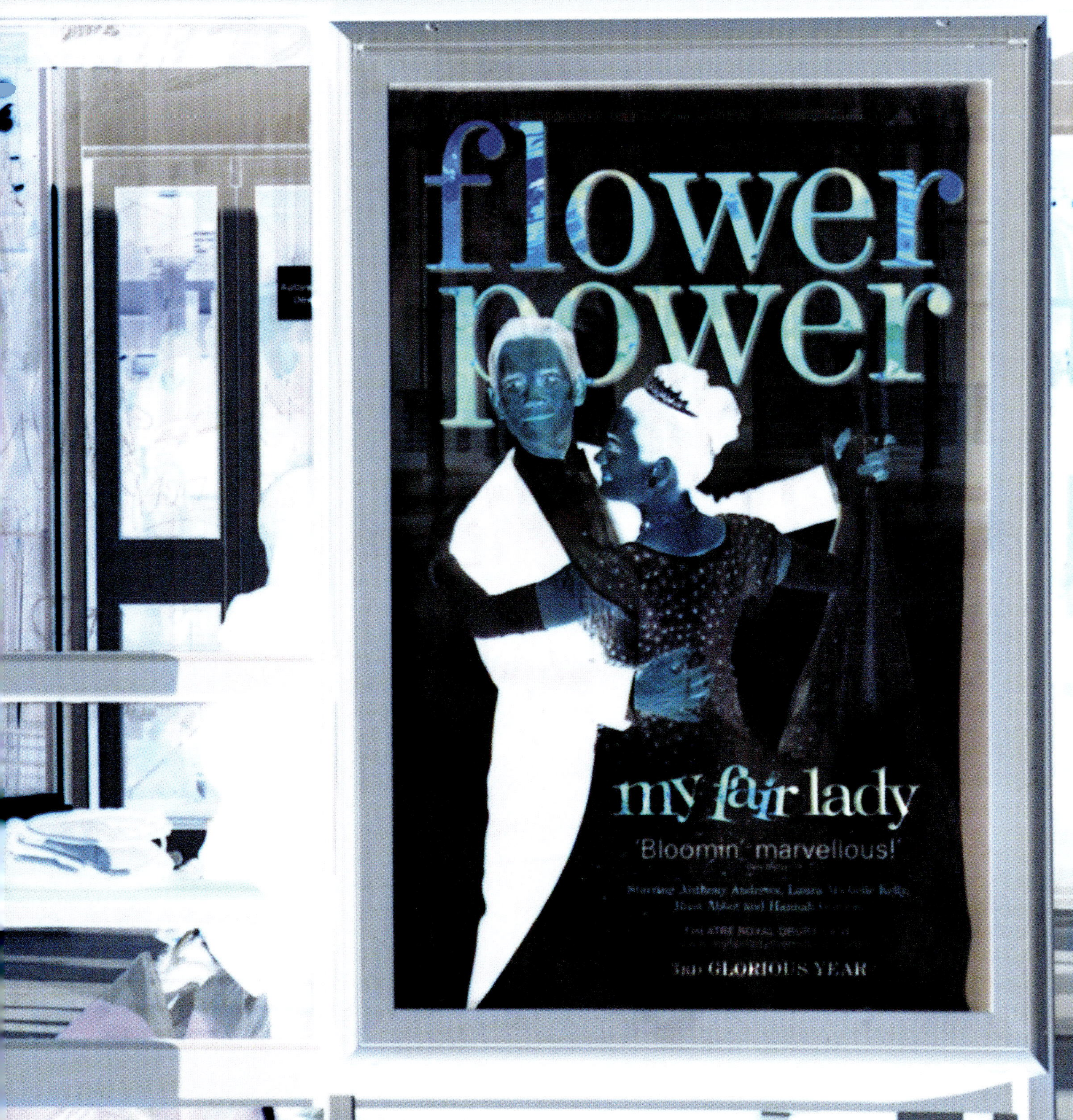
ADSHEL
flower power
my fair lady
'Bloomin' marvellous!'
GLORIOUS YEAR

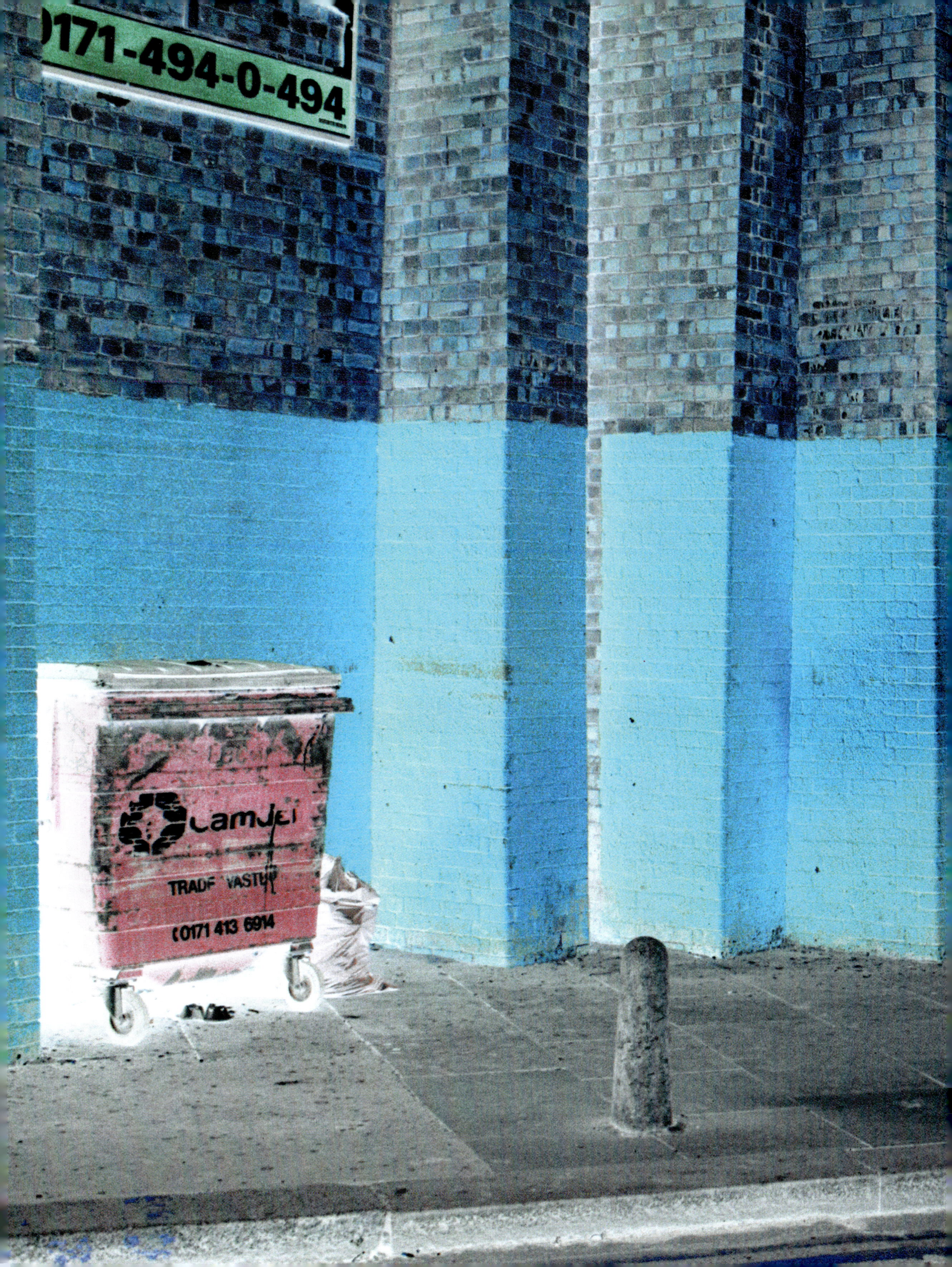
0171-494-0-494
0171 413 6914

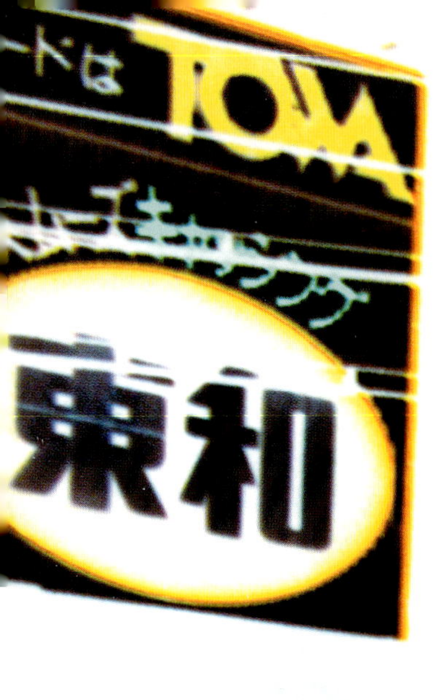
TOWA
東和

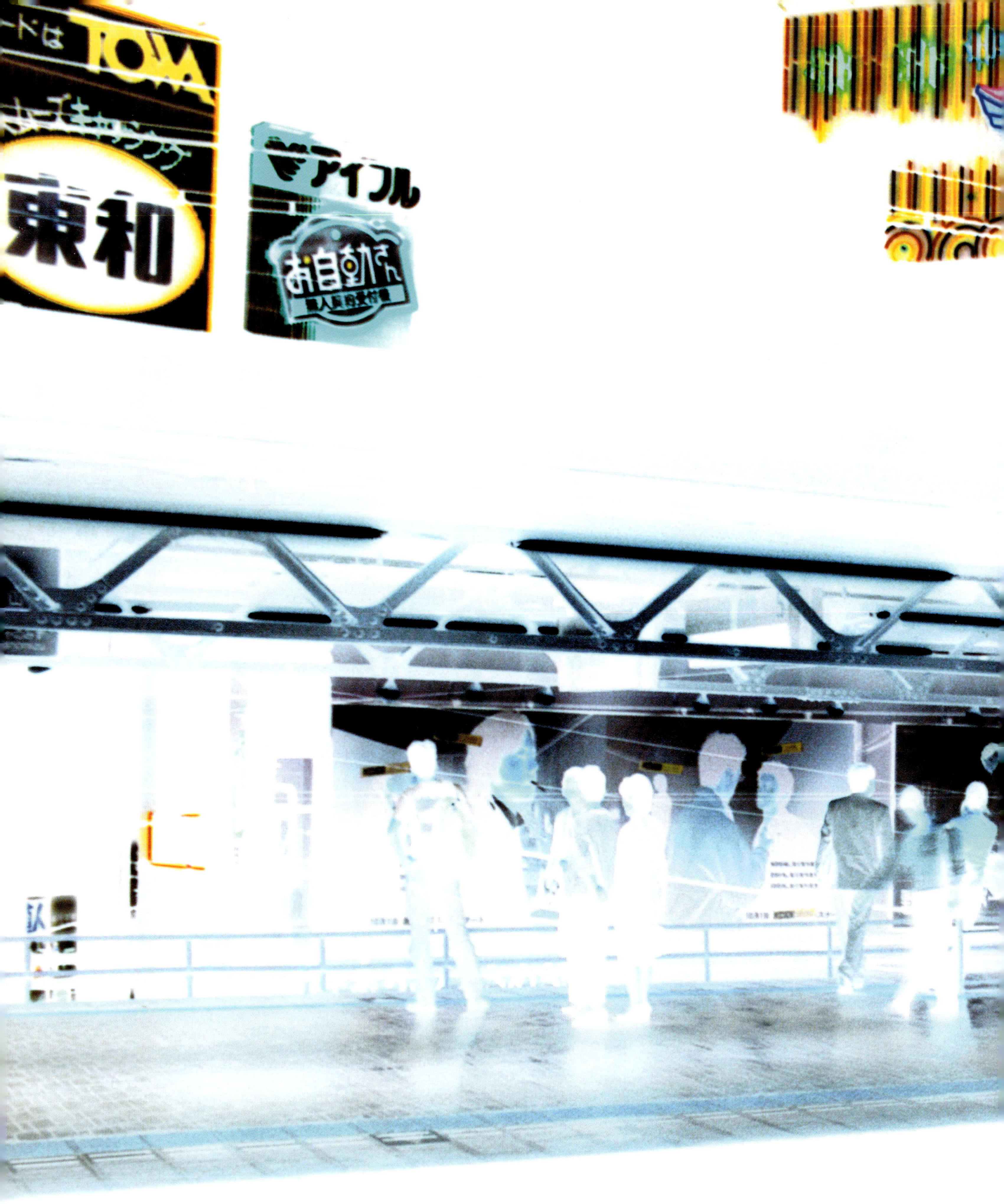

アイフル
お自動さん

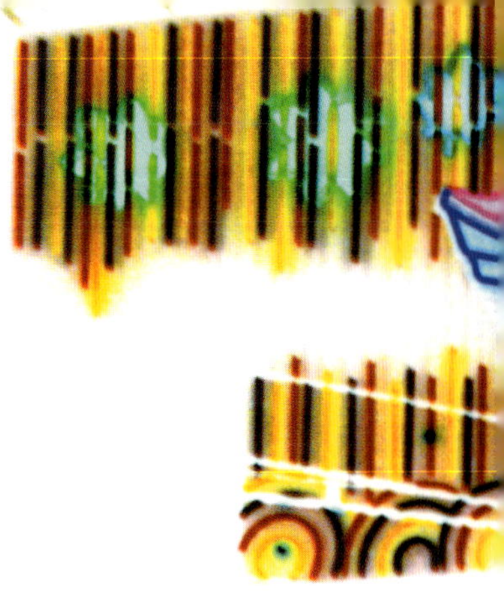

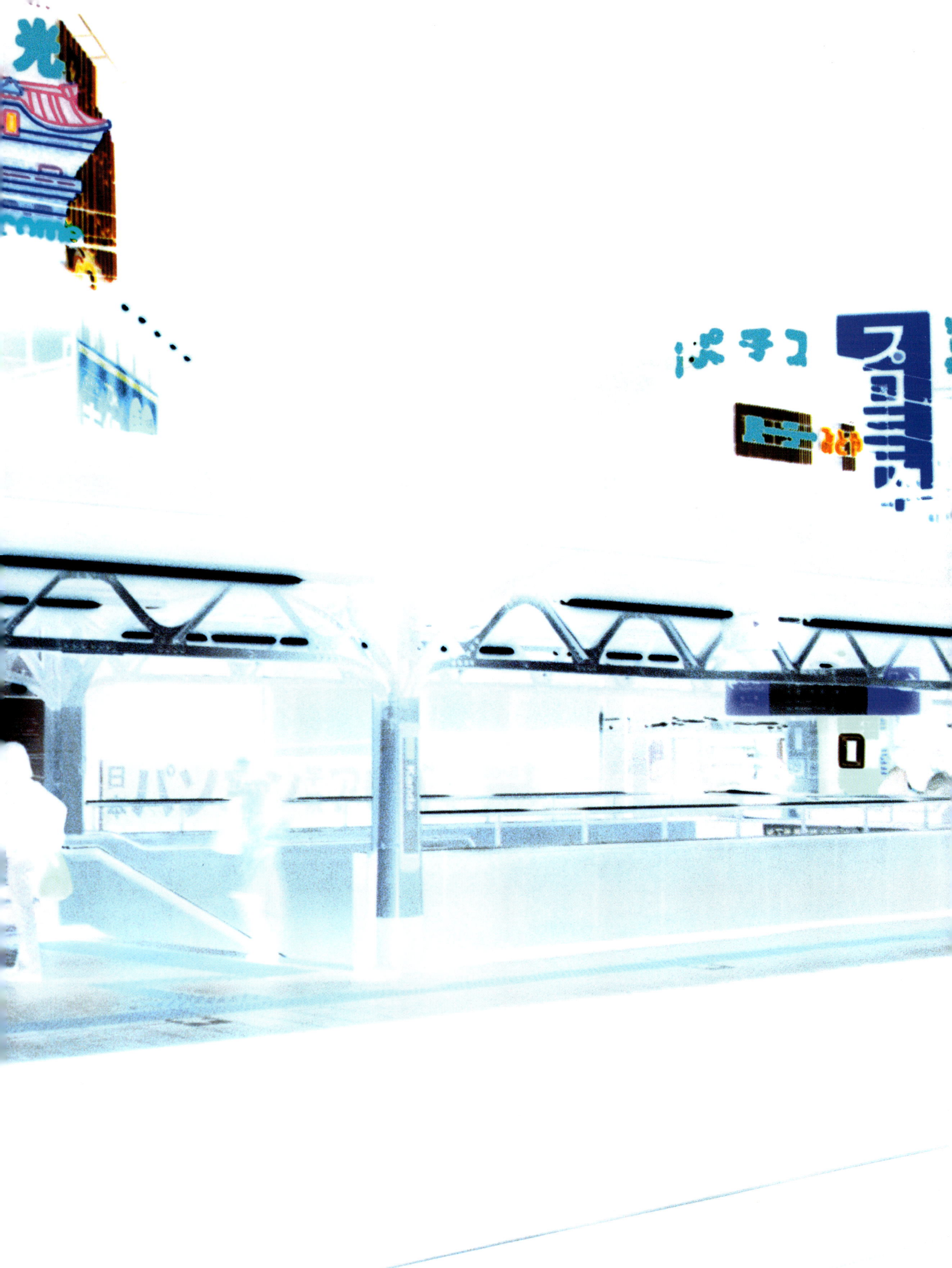

光

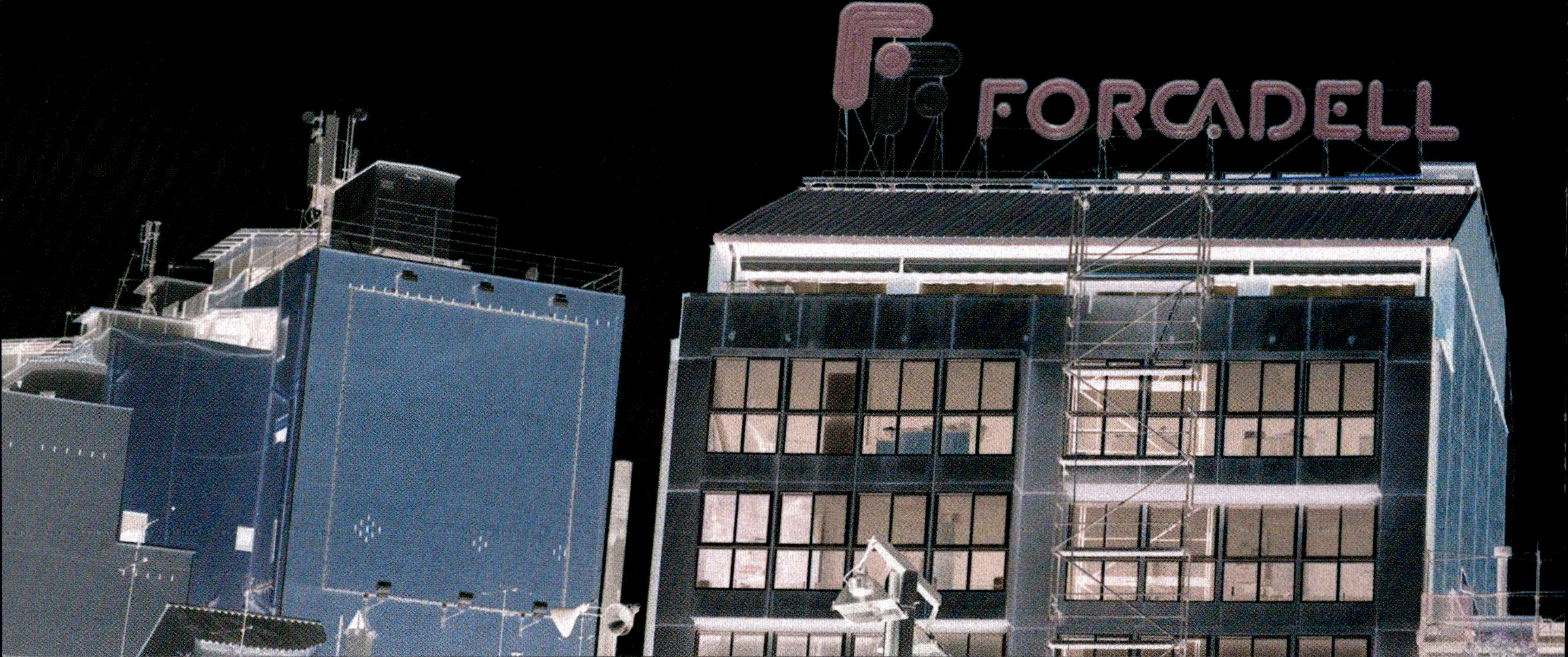
FORCADELL

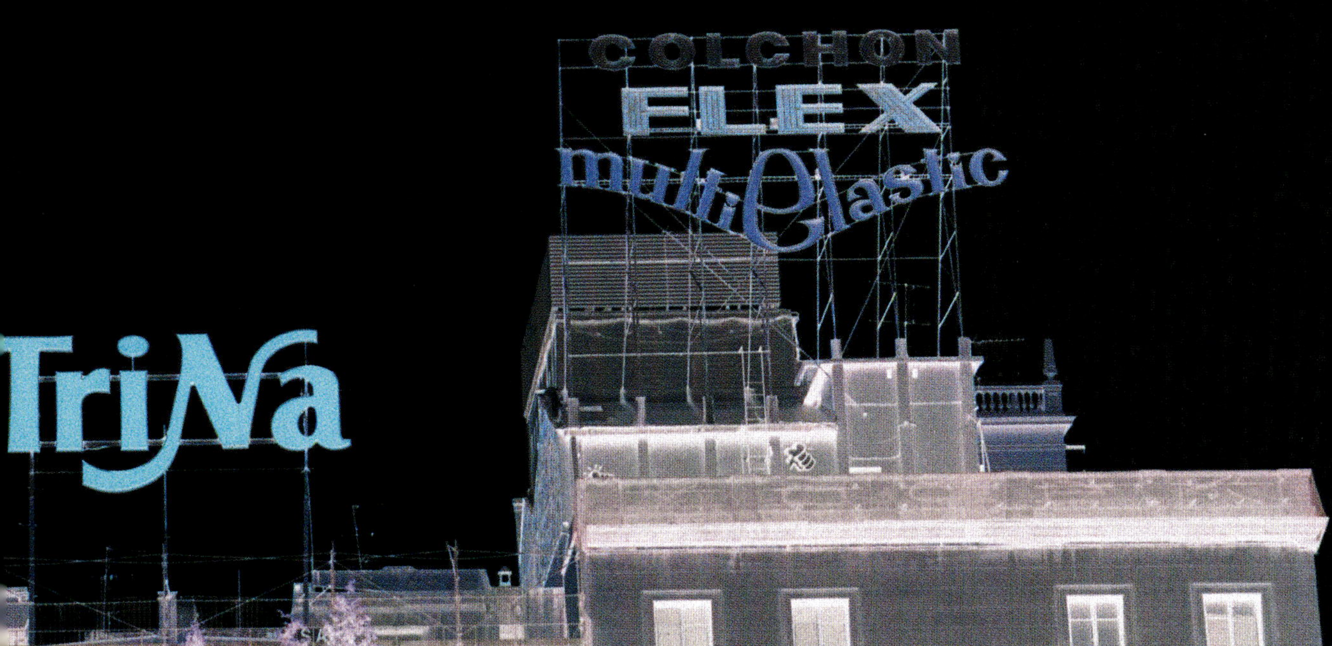

COLCHON
FLEX
multiElastic
TriNa

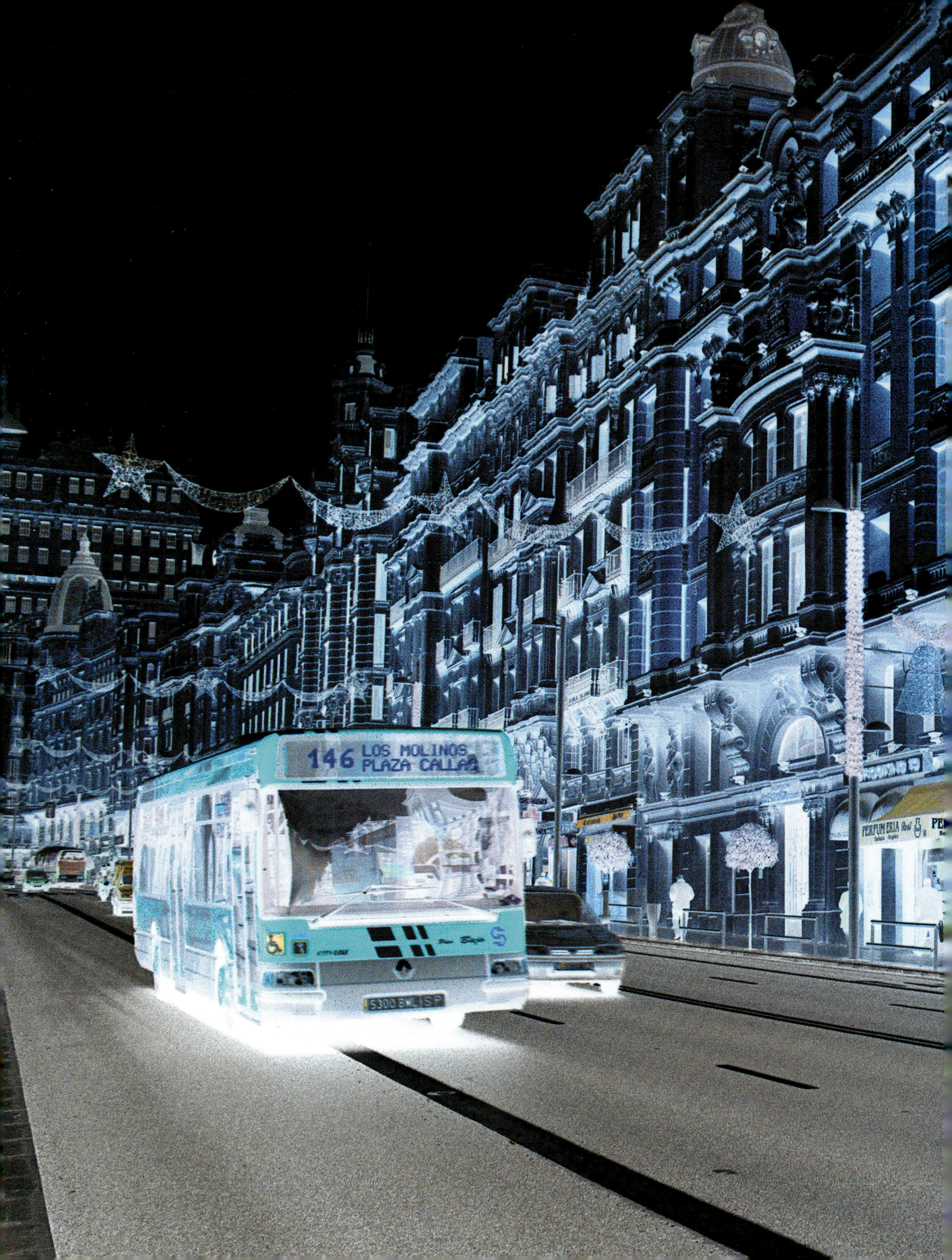
146
LOS MOLINOS
PLAZA CALLA
PERFUMERIA

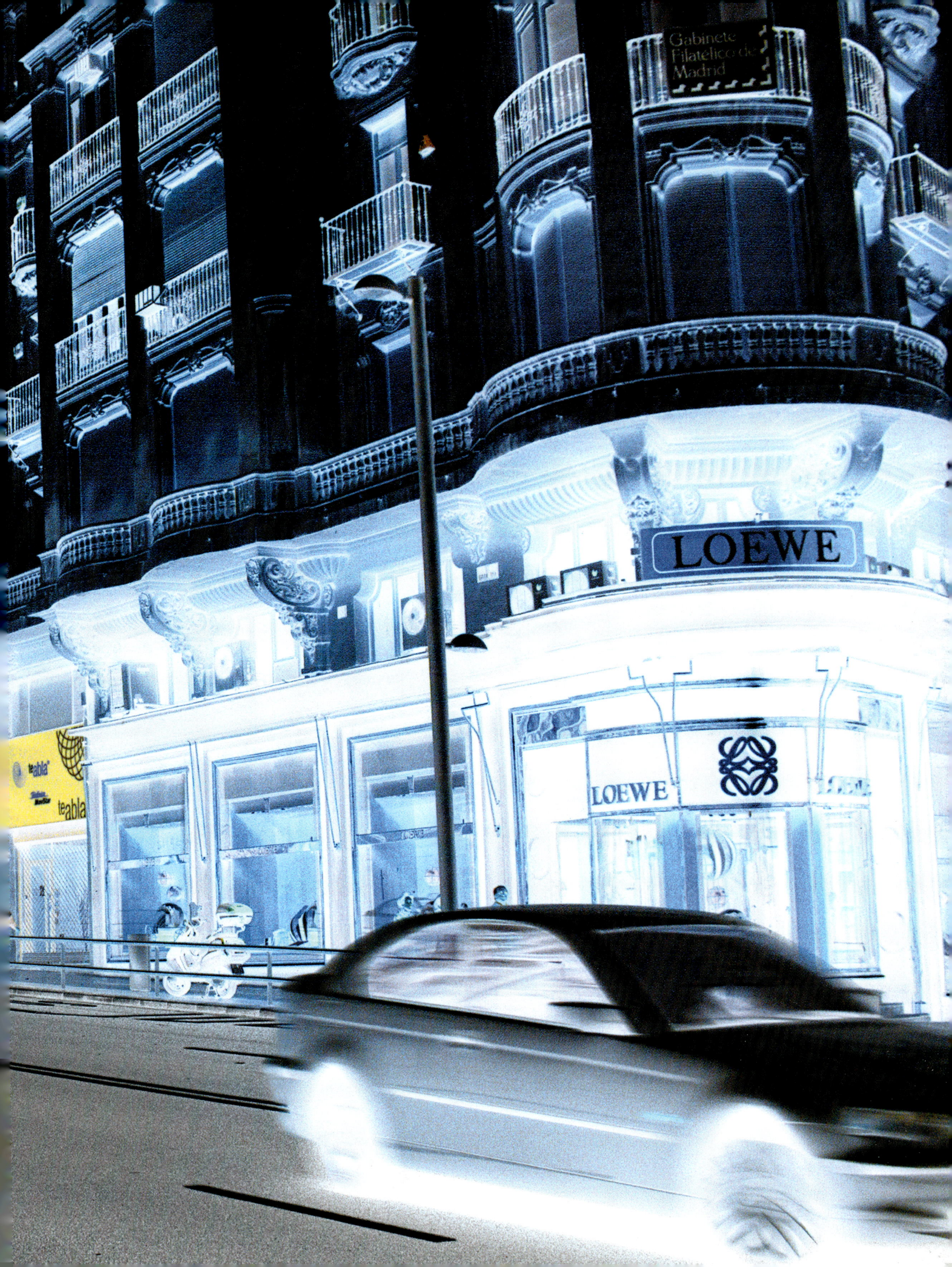
Gabinete
Filatélico de
Madrid
LOEWE
LOEWE

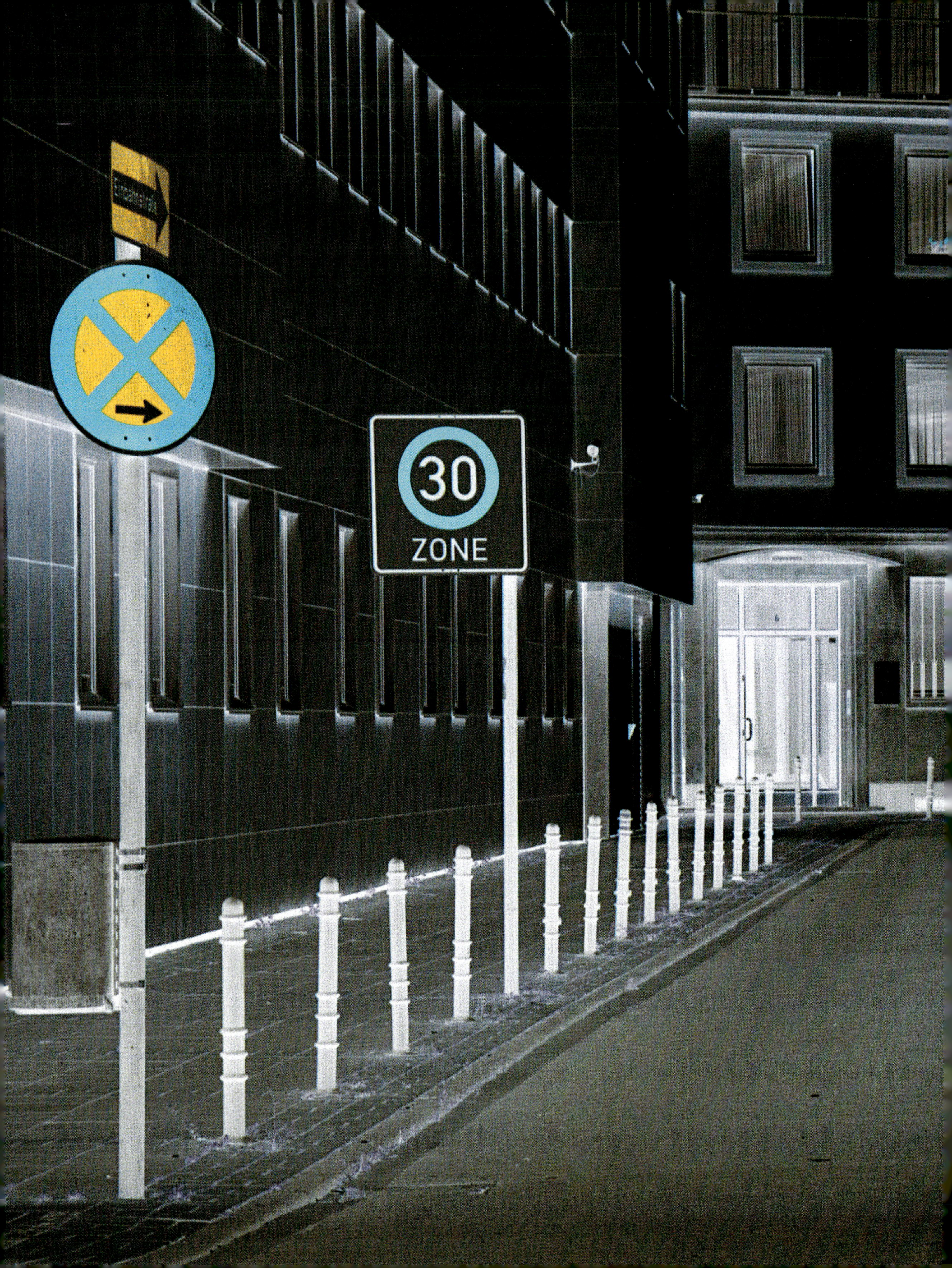
30
ZONE

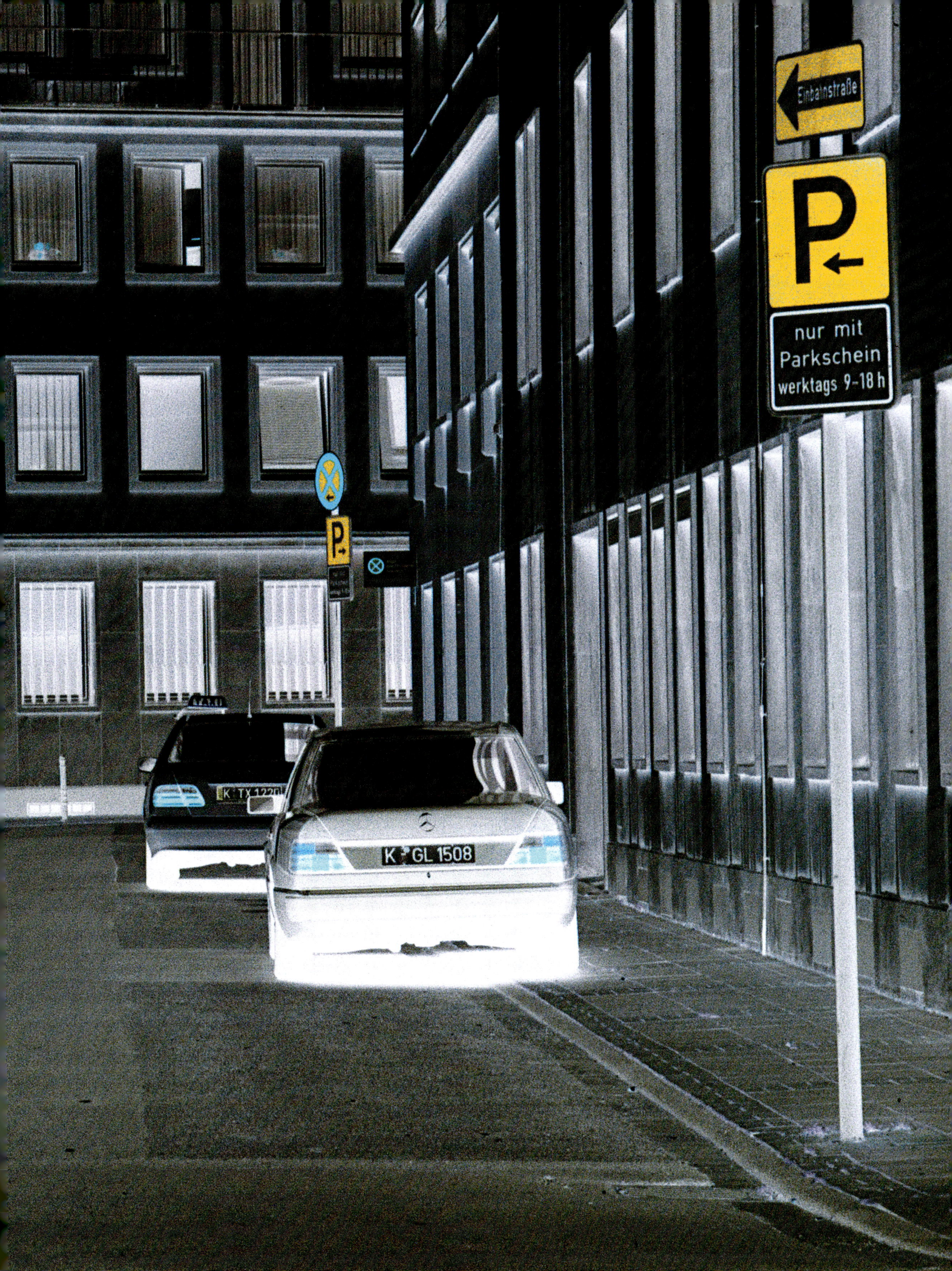

Einbahnstraße
P
nur mit
Parkschein
werktags 9-18 h
K GL 1508

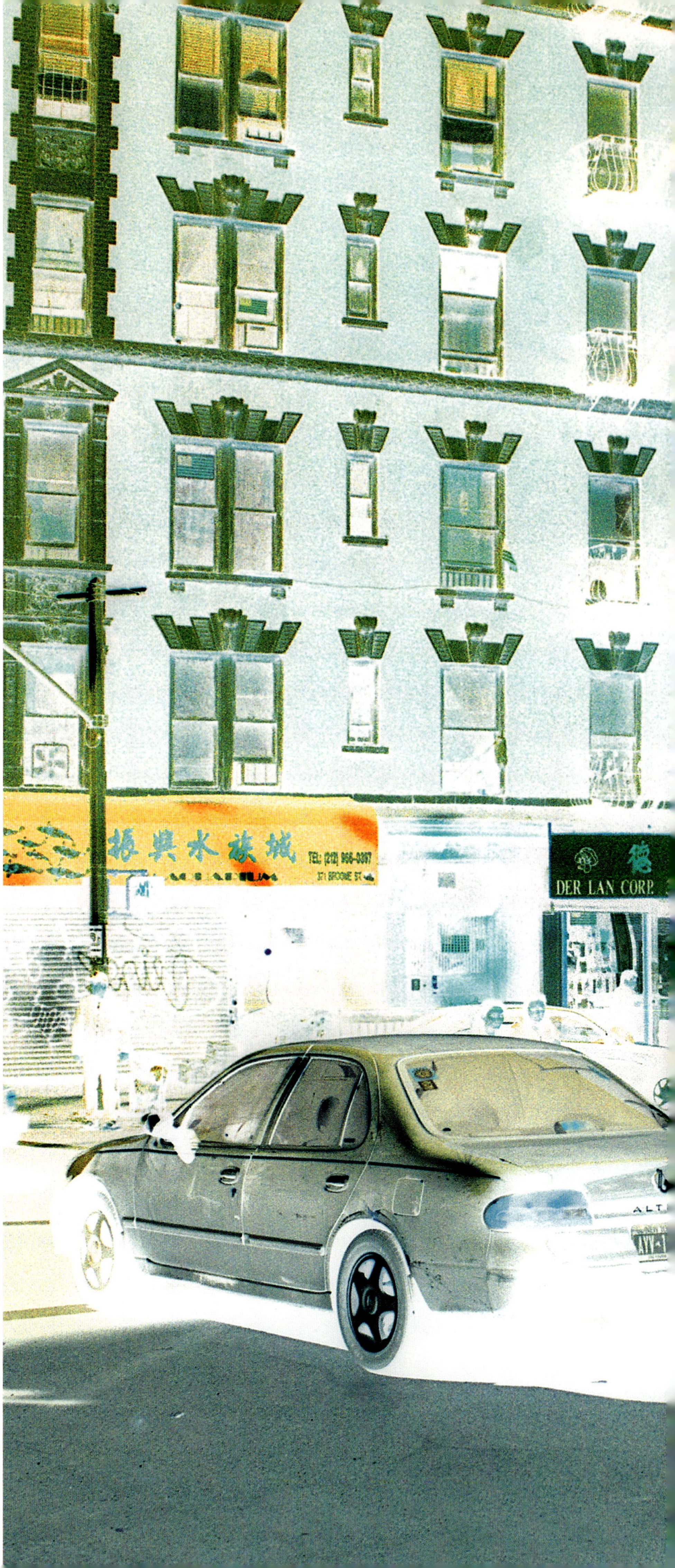

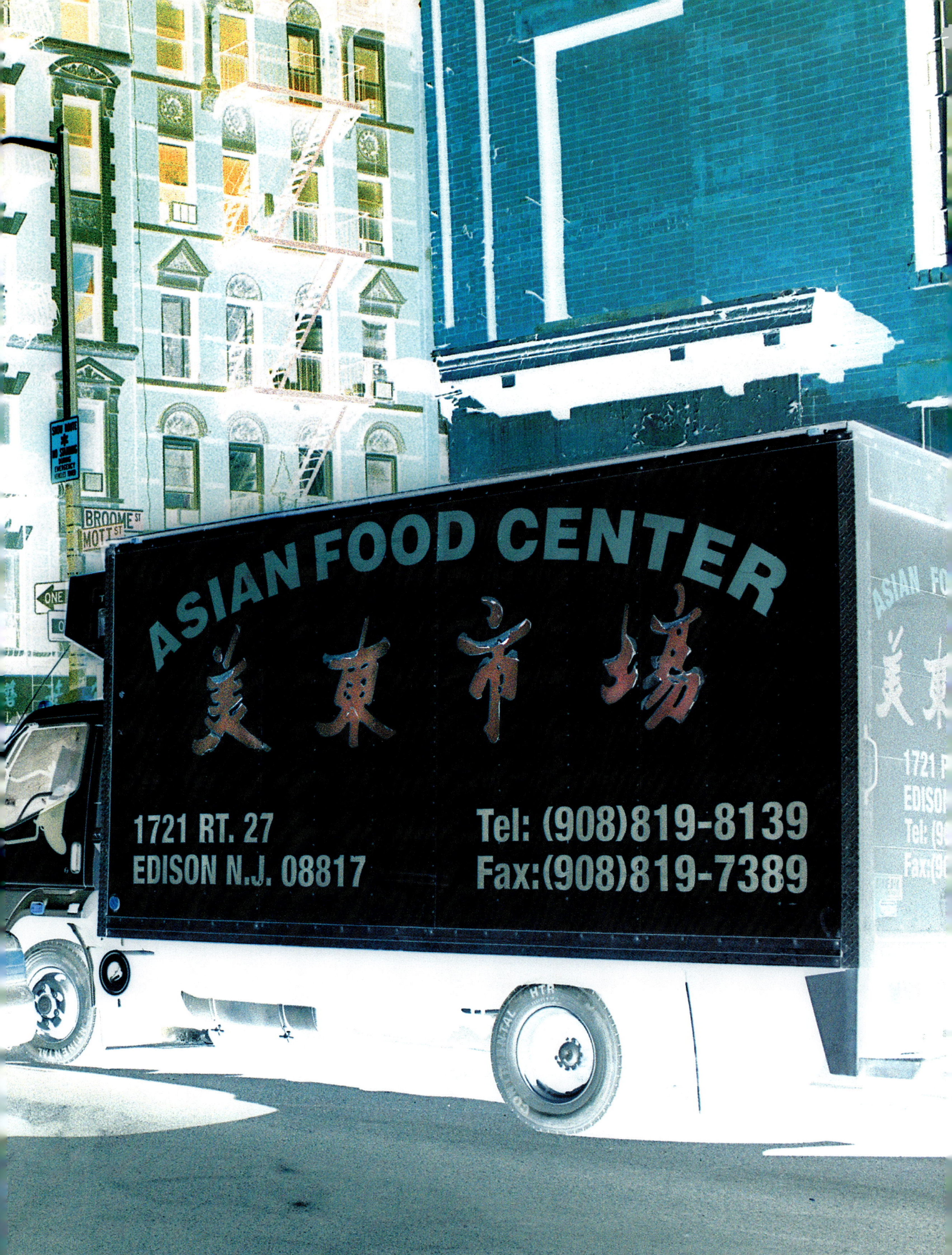
BROOME ST
MOTT ST
ONE
ASIAN FOOD CENTER
美東市場
1721 RT. 27
EDISON N.J. 08817
Tel: (908)819-8139
Fax:(908)819-7389

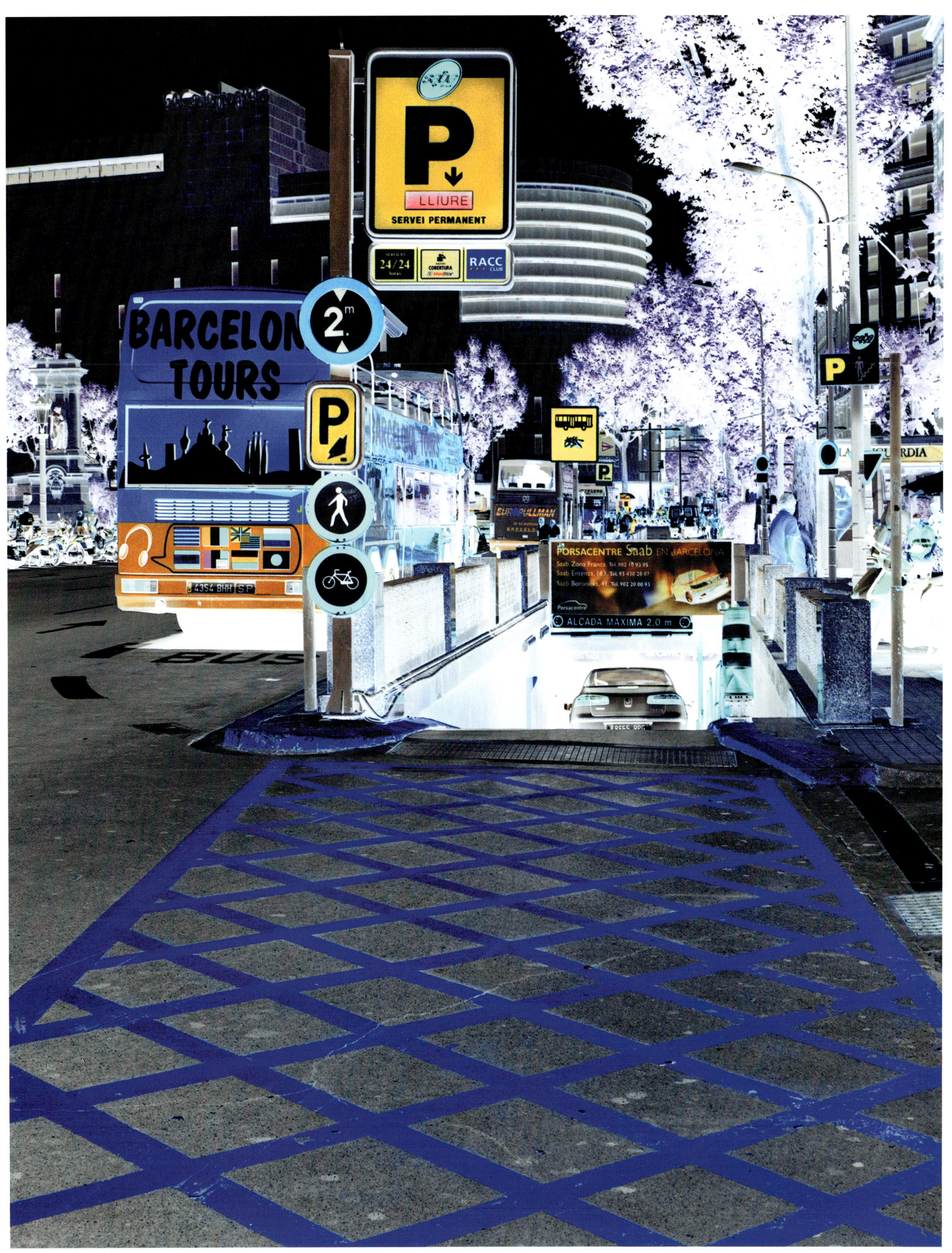
P
LLIURE
SERVEI PERMANENT
24/24
RACC
BARCELON
TOURS
2 m
P
4354 BHH
BUS
PORSACENTRE Saab EN BARCELONA
Saab Zona Franca Tel. 902 10 93 95
Saab Entenza, 163 Tel. 93 430 28 07
Saab Boranova, 41 Tel. 902 20 00 93
Porsacentre
ALCADA MAXIMA 2.0 m.

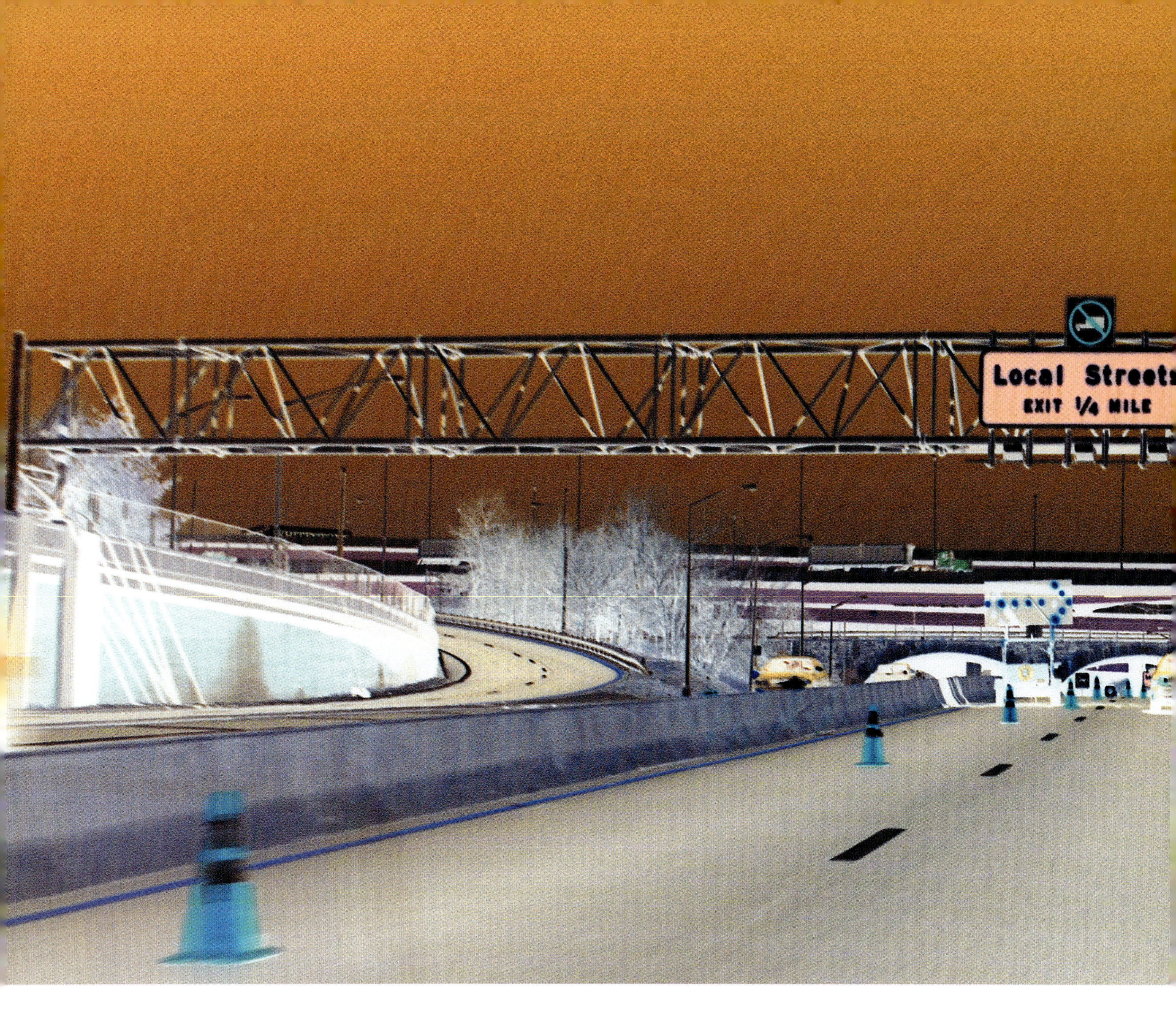
Local Street
EXIT 1/4 MILE

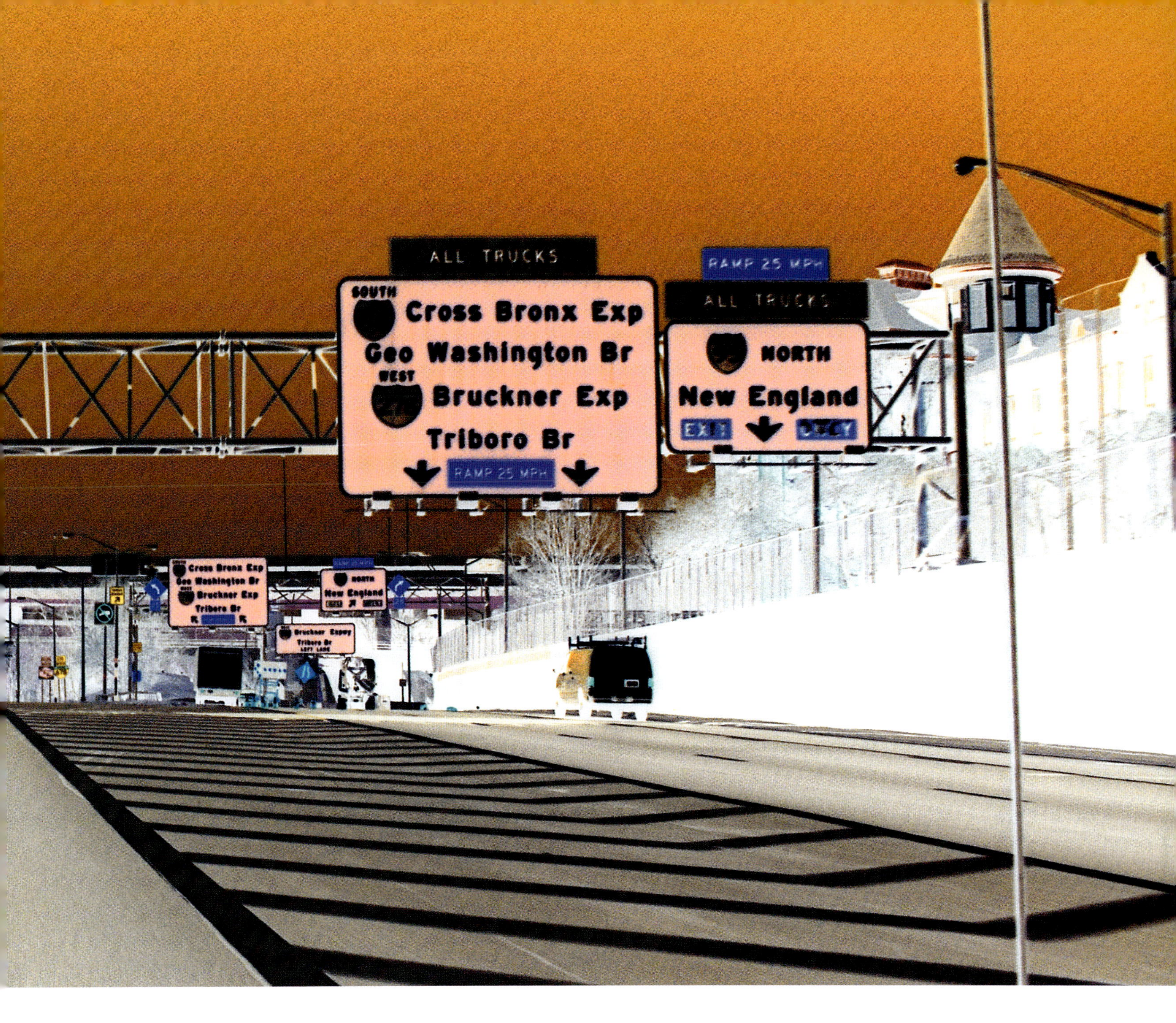
ALL TRUCKS
SOUTH
Cross Bronx Exp
Geo Washington Br
WEST
Bruckner Exp
Triboro Br
RAMP 25 MPH
RAMP 25 MPH
ALL TRUCKS
NORTH
New England

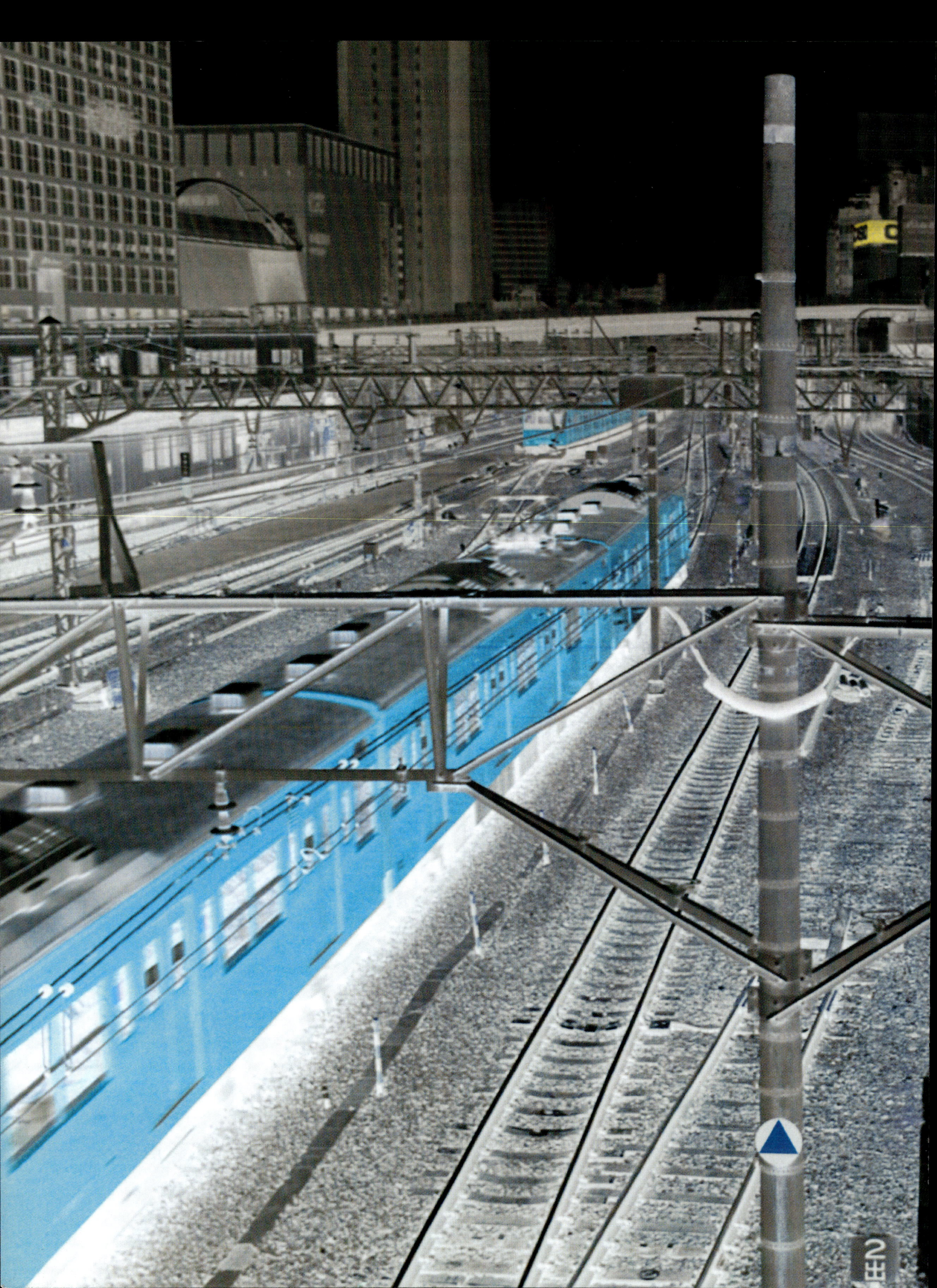

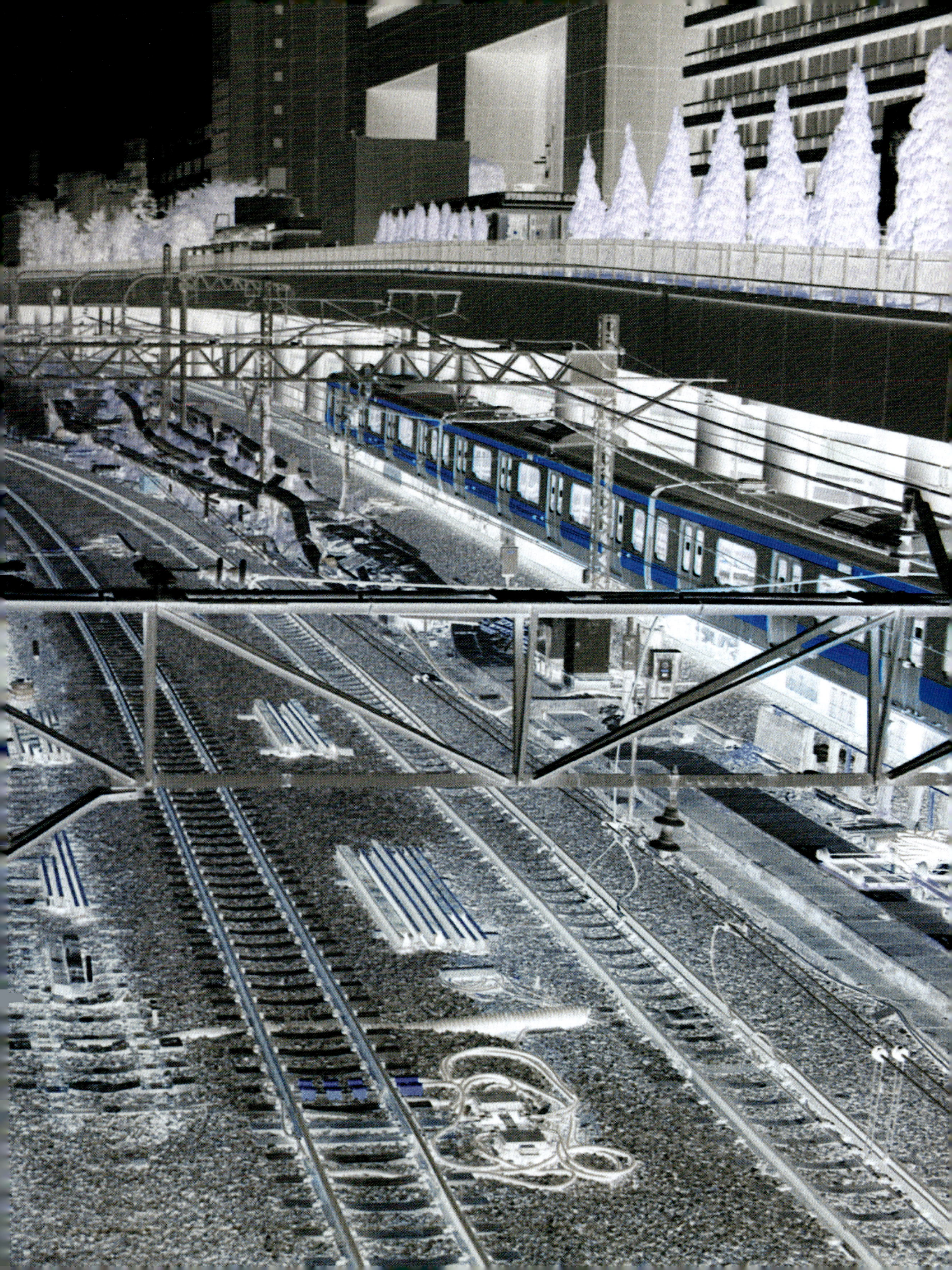

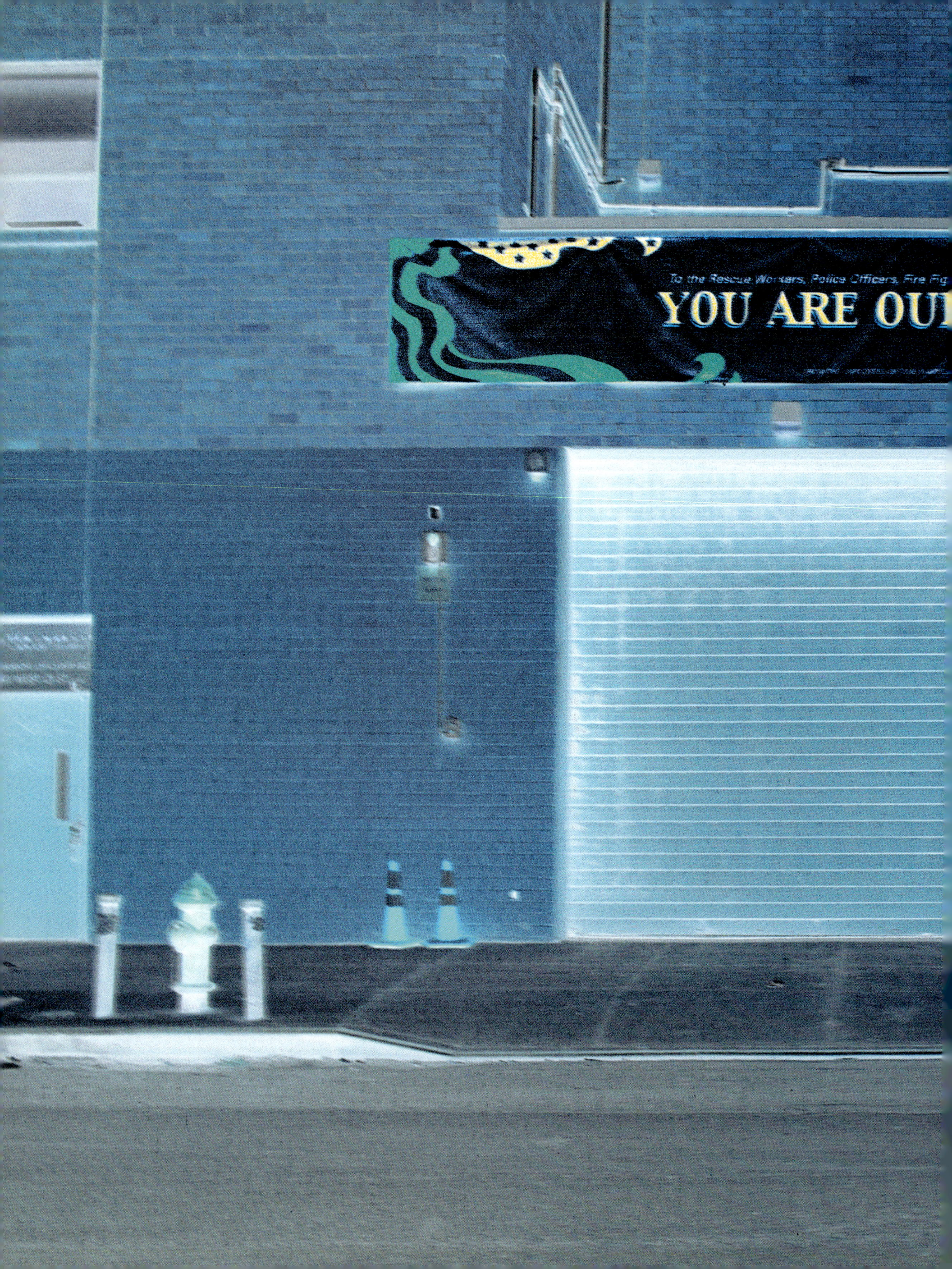
To the Rescue Workers, Police Officers, Fire
YOU ARE

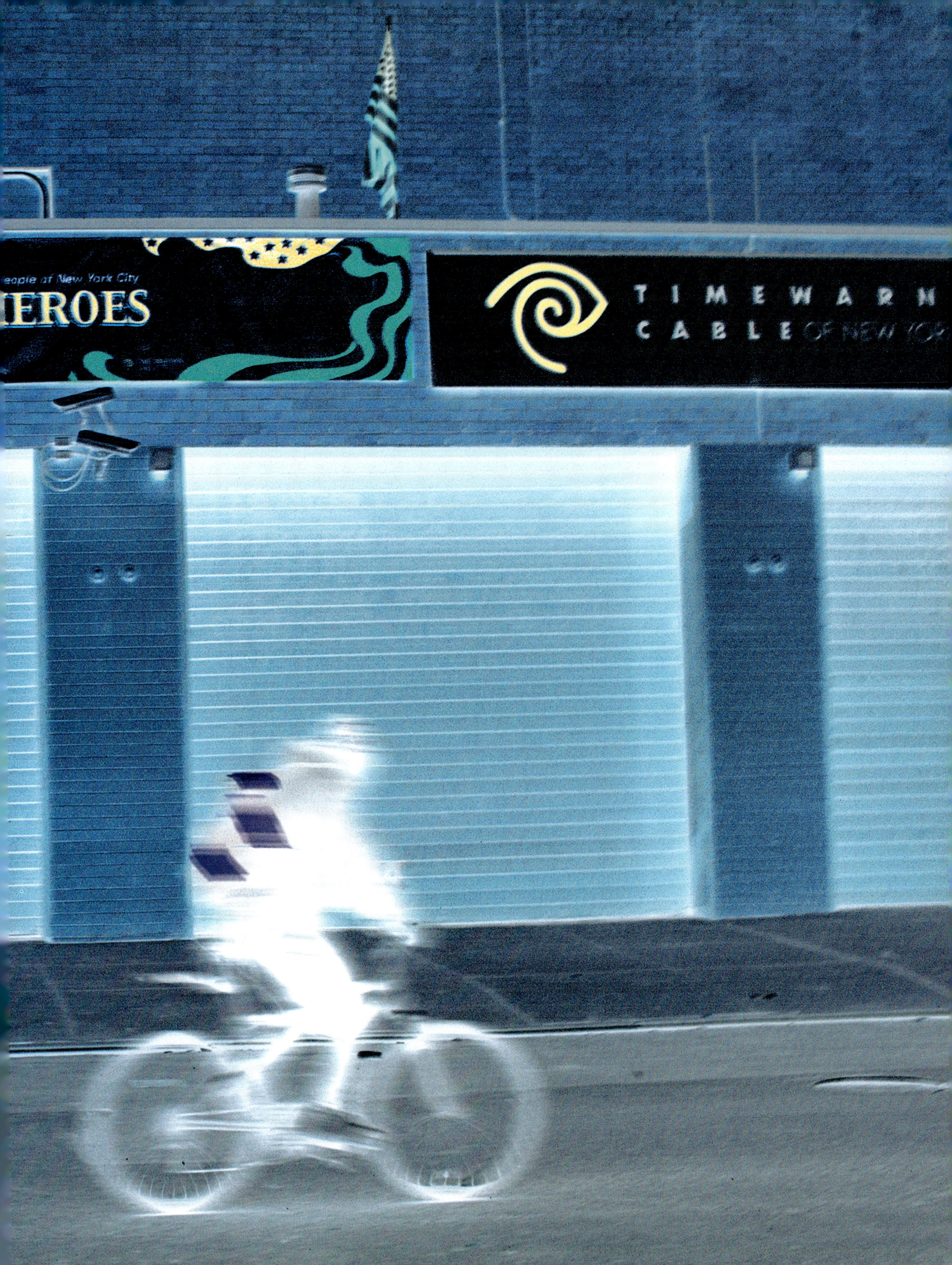
eople of New York City
IEROES
TIME WARN
CABLE OF NEW YOR

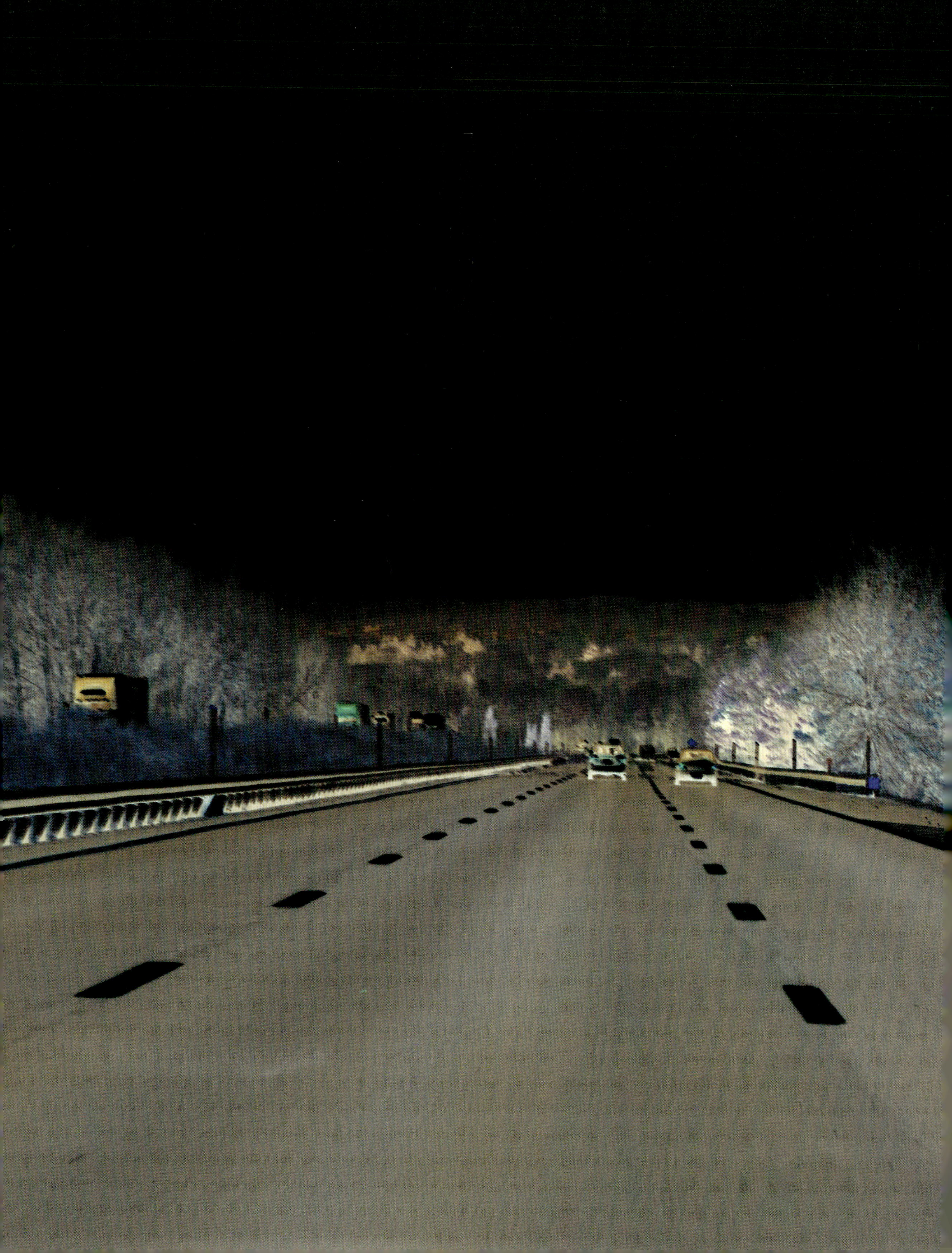

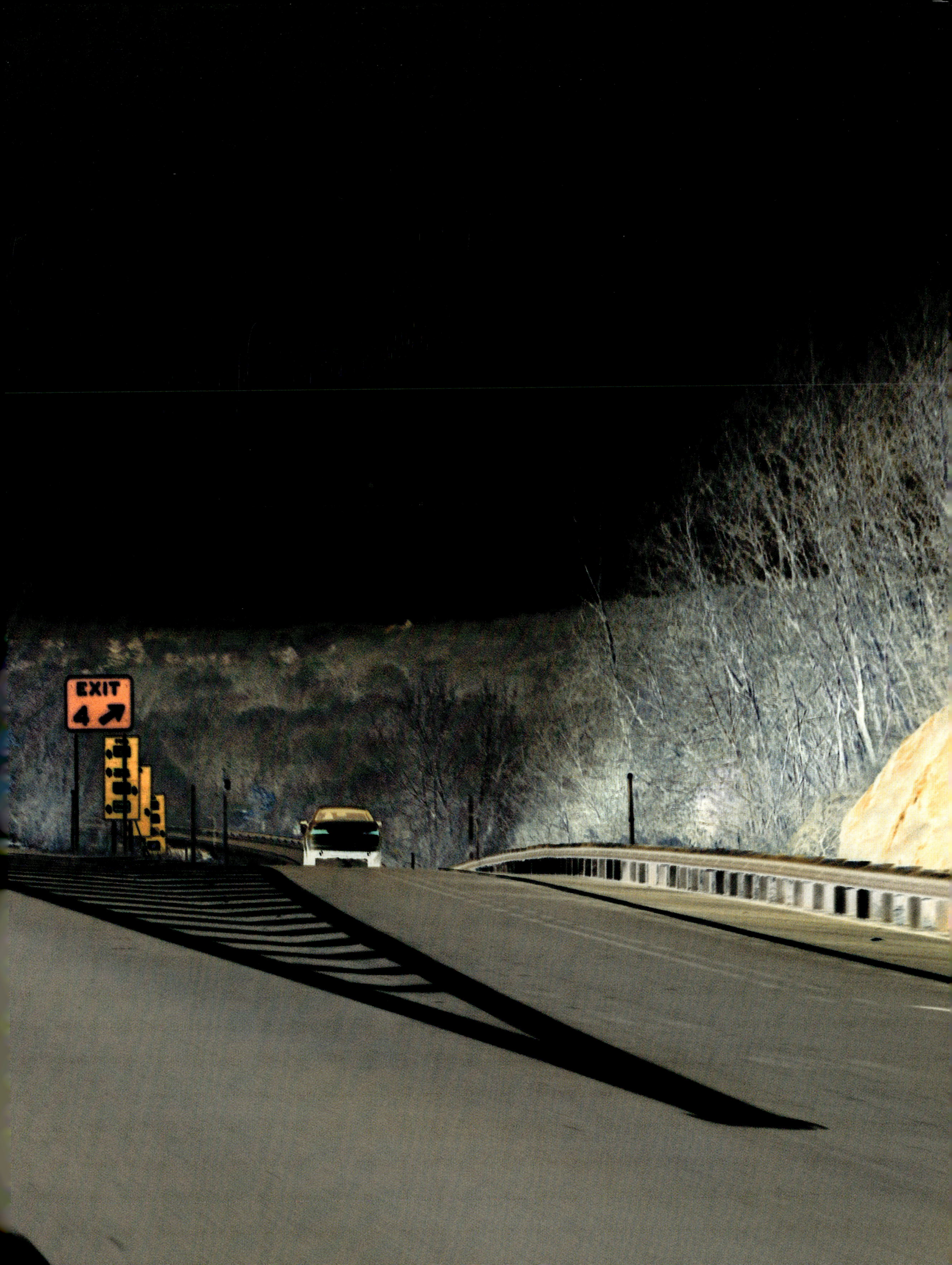
EXIT
4

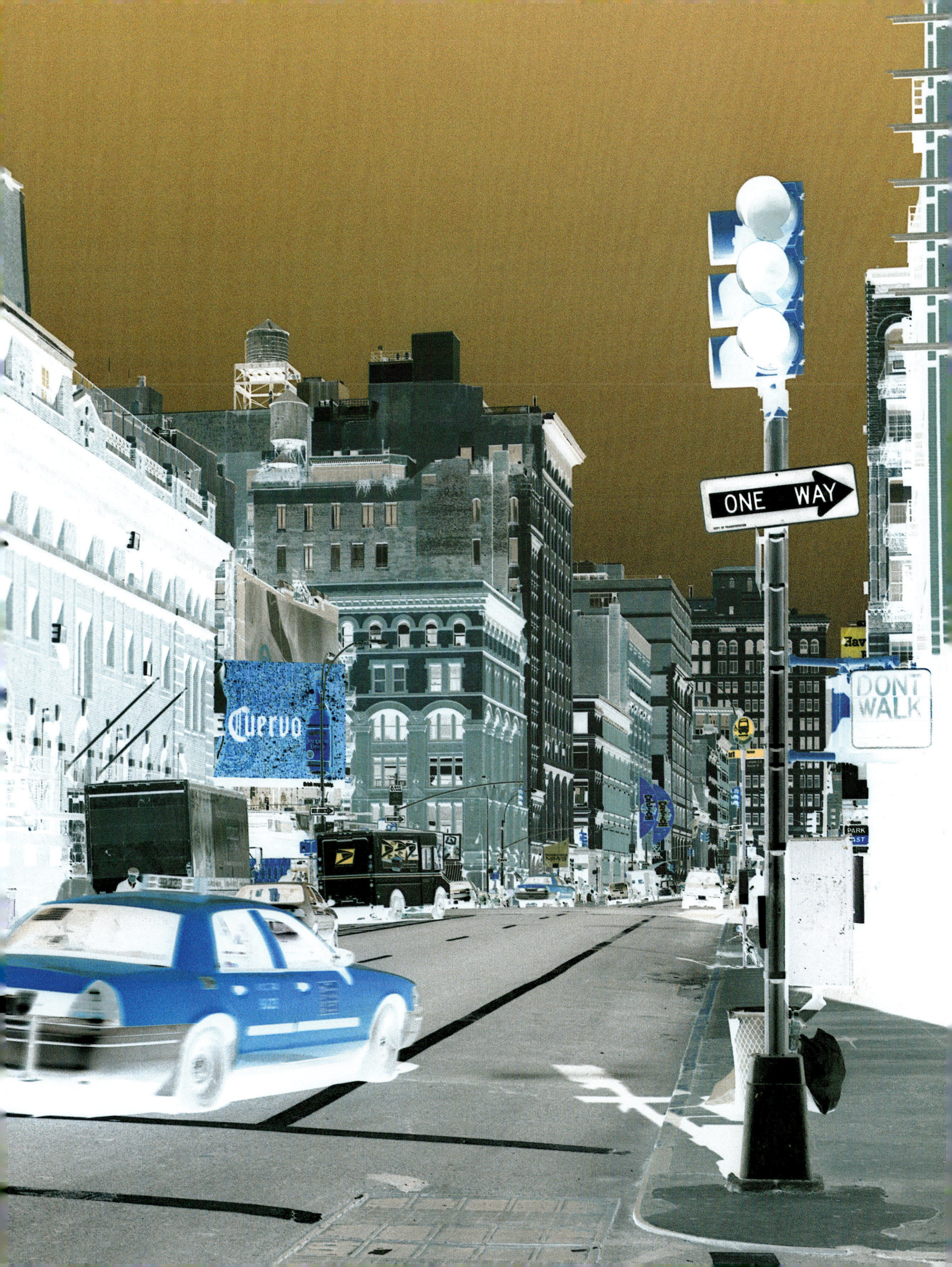
Cuervo
ONE WAY
DONT WALK

LE OPERE SONO REALIZZATE IN UN'UNICA TIRATURA DI 5 ESEMPLARI
I FORMATI POSSONO VARIARE ALL'INTERNO DELLA STESSA TIRATURA
TECNICA: CIBACHROME

THE PICTURES ARE PRINTED IN A LIMITED EDITION OF 5 ORIGINALS
THE FORMAT CAN VARY WITHIN THE SAME EDITION
TECHNIQUE: CIBACHROME

# ELENCO DELLE OPERE
# LIST OF WORKS

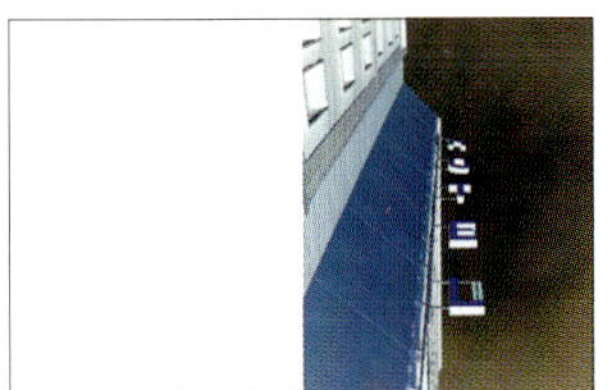

**HOTEL**
BARCELONA, 2003
*p. 17*

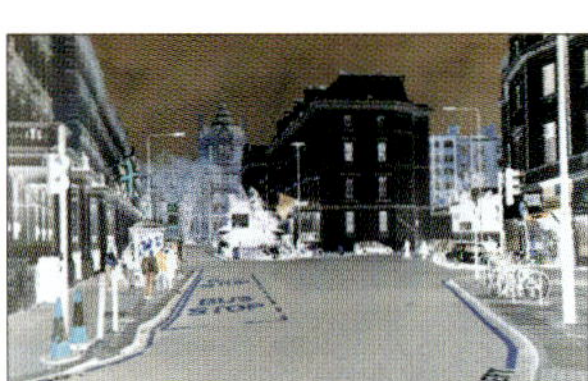


**BUS STOP**
LONDON, 2003
*p. 18*

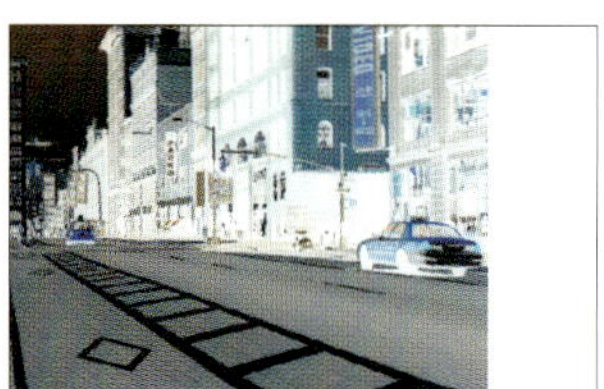

**TAXI - NEW YORK**
NEW YORK, 2002
*p. 20*

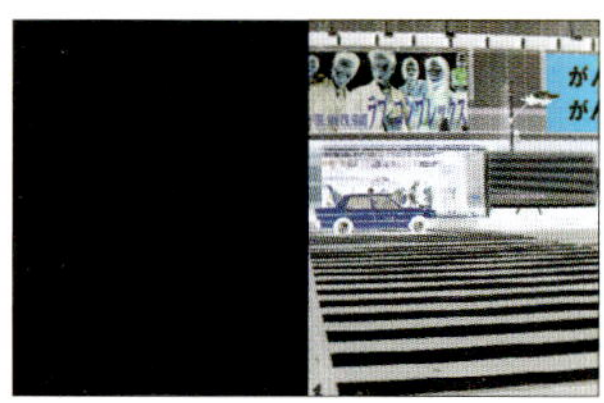

**TAXI - TOKYO**
TOKYO, 2000
*p. 23*

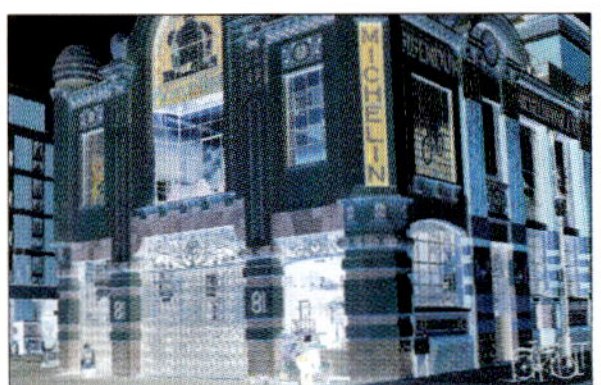


**MICHELIN**
LONDON, 2003
*p. 24*

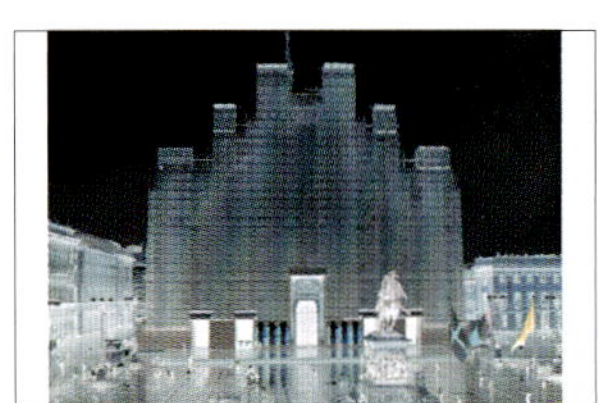

**MILANO**
MILANO, 2003
*p. 26*

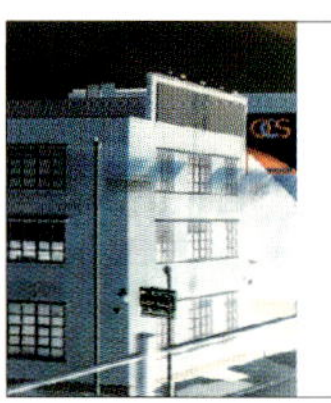

**FOR SALE**
LONDON, 2003
*p. 28*

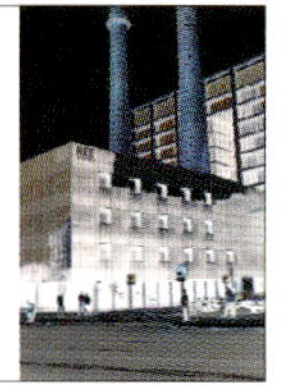

**REE**
BARCELONA, 2003
*p. 29*

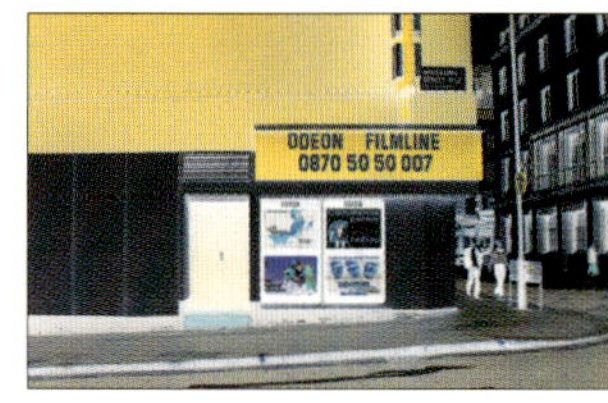


**ODEON FILMLINE**
LONDON, 2003
*p. 30*

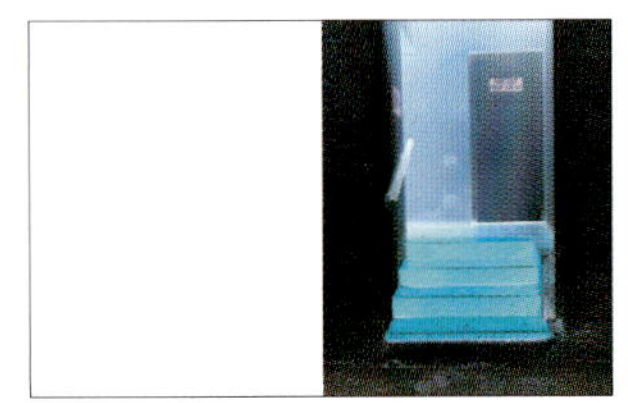

**FIRE EXIT**
LONDON, 2003
*p. 33*

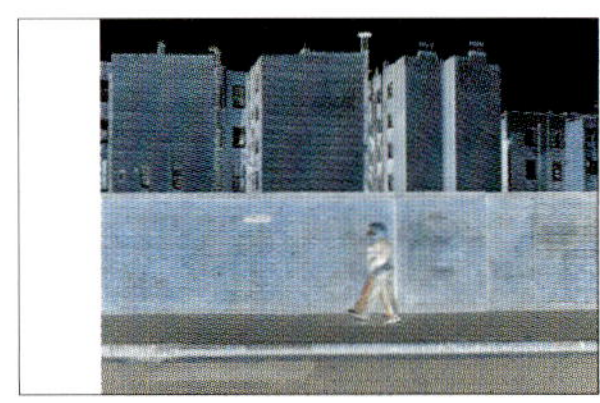

**WALK**
LONDON, 2003
*p. 34*

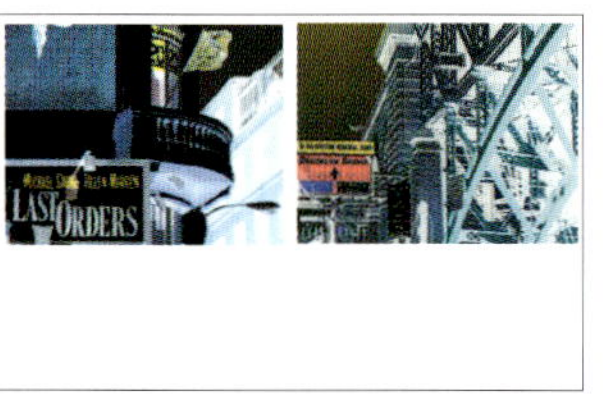


**LAST ORDERS**
MADRID, 2002
*p. 36*

**BROOKLYN BRIDGE**
NEW YORK, 2002
*p. 37*

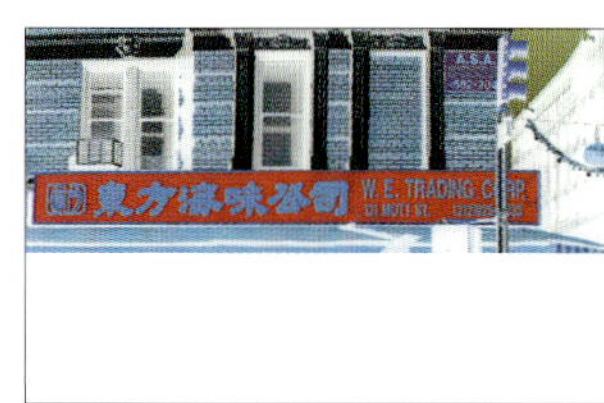

**CHINATOWN**
NEW YORK, 2002
*p. 38*

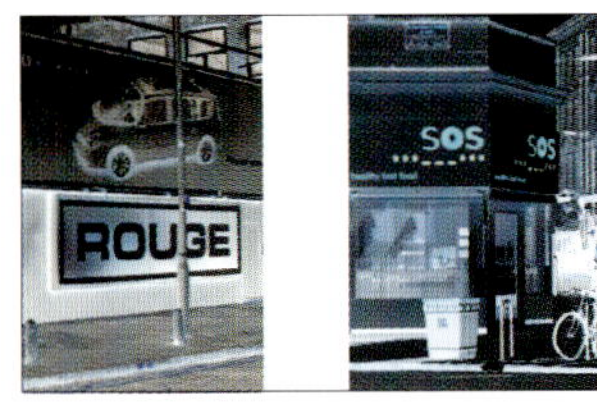


**ROUGE**
LONDON, 2003
*p. 40*

**SOS**
LONDON, 2003
*p. 41*

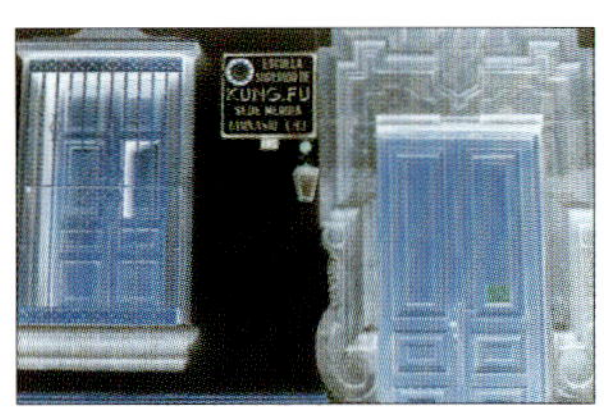


**KUNG FU**
MERIDA (Venezuela), 1992
*p. 42*

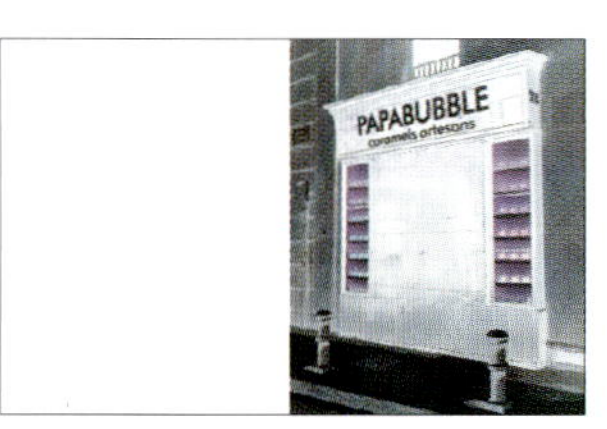


**PAPABUBBLE**
BARCELONA, 2003
*p. 45*

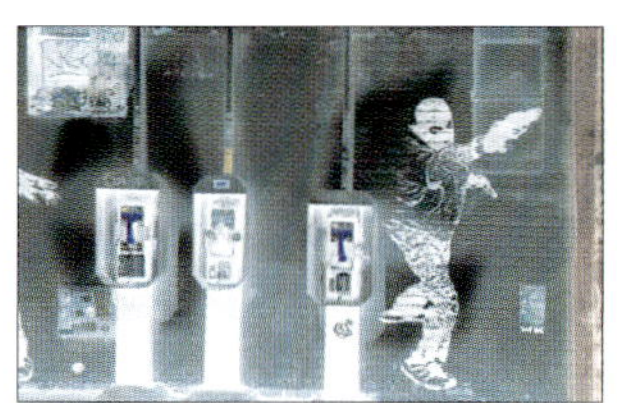

**PUBLIC TELEPHONE**
NEW YORK, 2002
*p. 46*

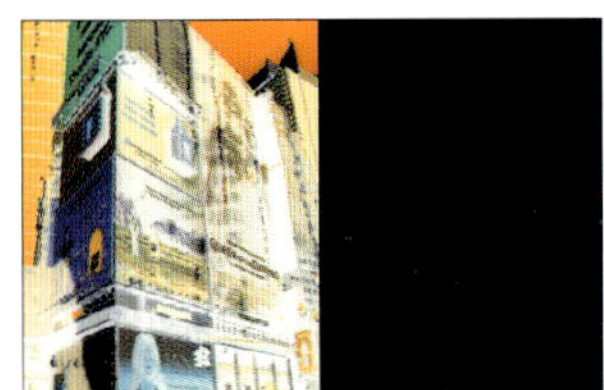

**TIMES SQUARE**
NEW YORK, 2002
*p. 48*

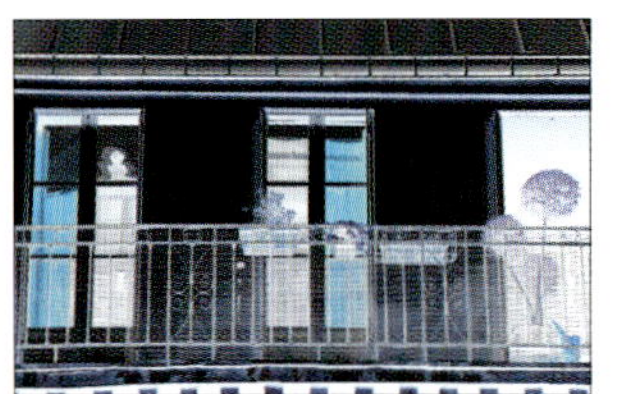

**MAISON**
PARIS, 2002
*p. 50*

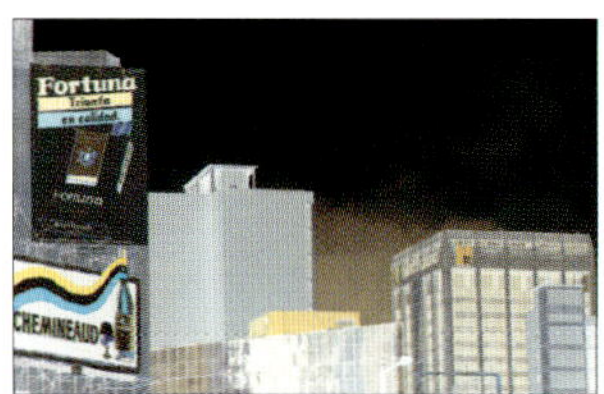


**FORTUNA**
CARACAS, 1992
*p. 52*

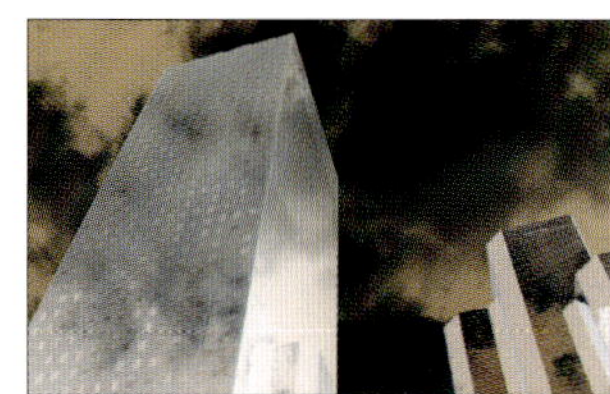

**LA DÉFENSE**
PARIS, 2003
*p. 54*

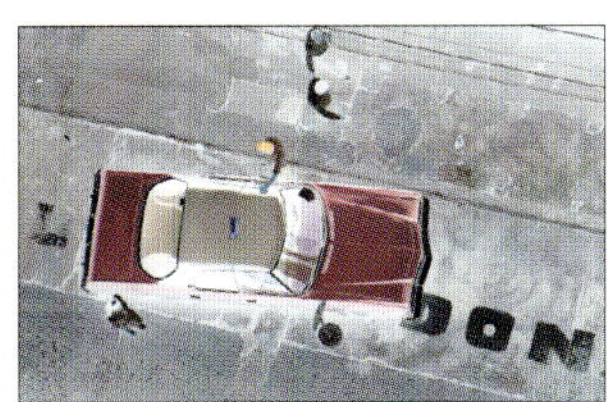

**TAXI - CARACAS**
CARACAS, 1992
*p. 56*

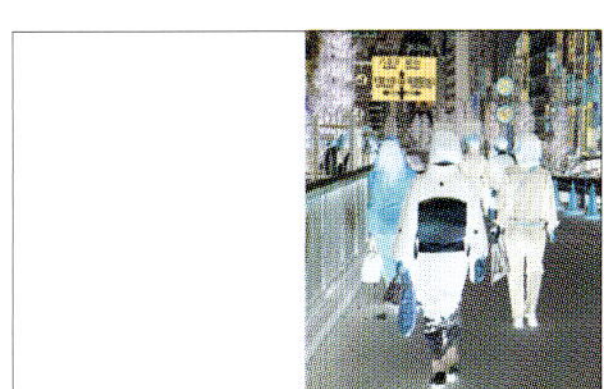

**SHINJUKU**
TOKYO, 2000
*p. 59*

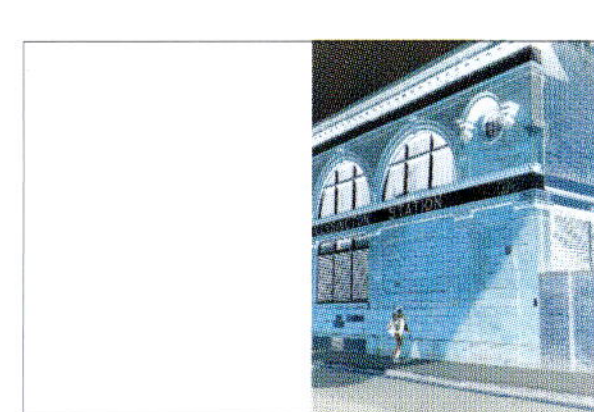

**SOUTH KENSINGTON STATION**
LONDON, 2003
*p. 61*

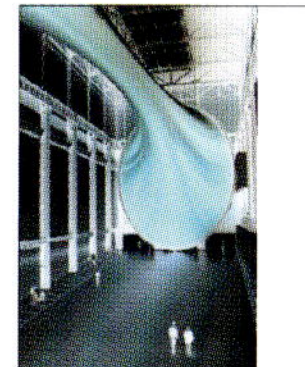

**TATE MODERN**
LONDON, 2003
*p. 62*

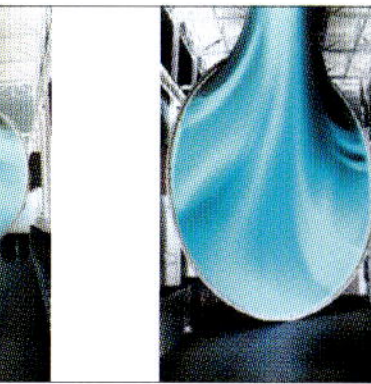

**TATE MODERN 2**
LONDON, 2003
*p. 63*

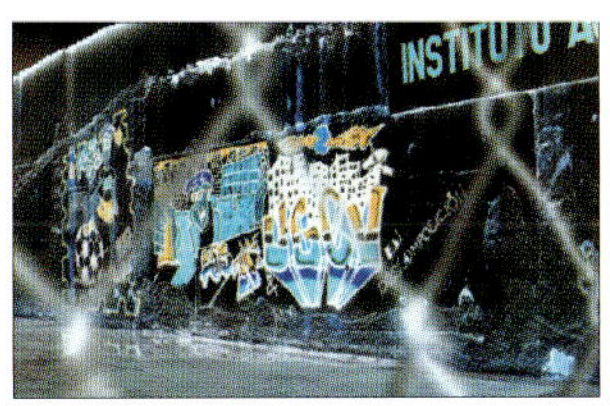


**INSTITUTO**
VALENCIA (Venezuela), 1992
*p. 64*

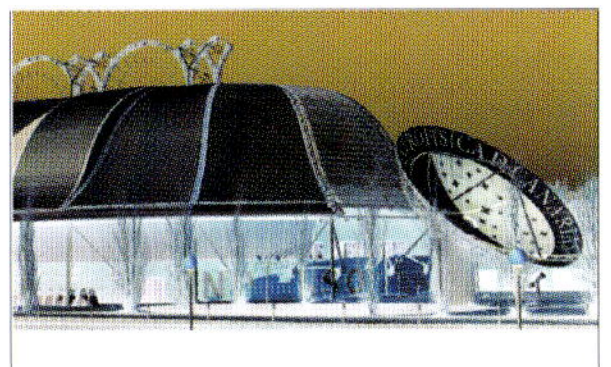

**ASTROFISICA**
SEVILLA, 2002
*p. 66*

**RAY'S**
NEW YORK, 2002
*p. 69*

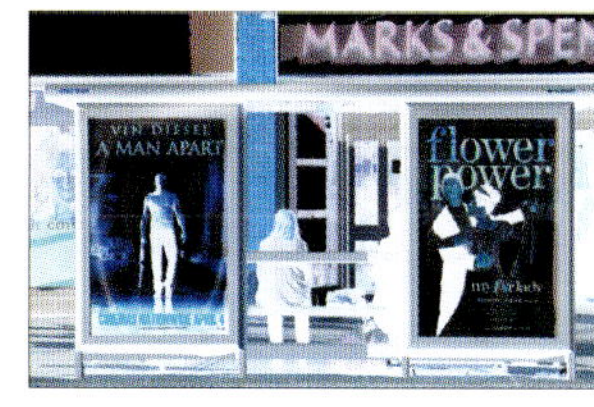


**MARKS&SPENCER**
LONDON, 2003
*p. 70*

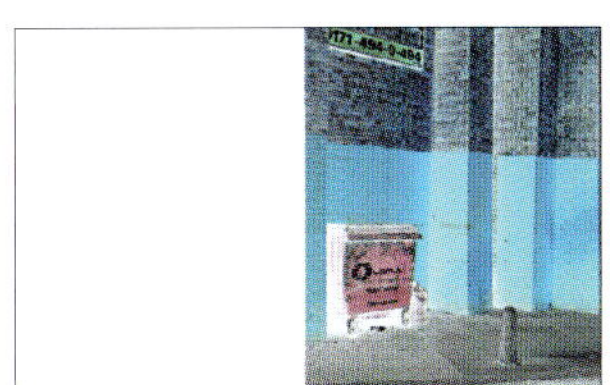

**WALL**
LONDON, 2003
*p. 73*

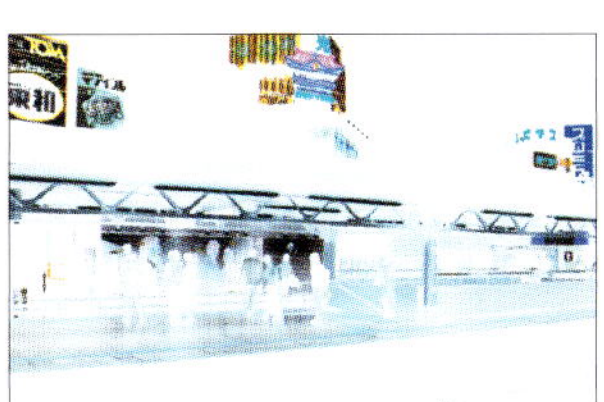

**CHIKATETSU**
TOKYO, 2000
*p. 74*

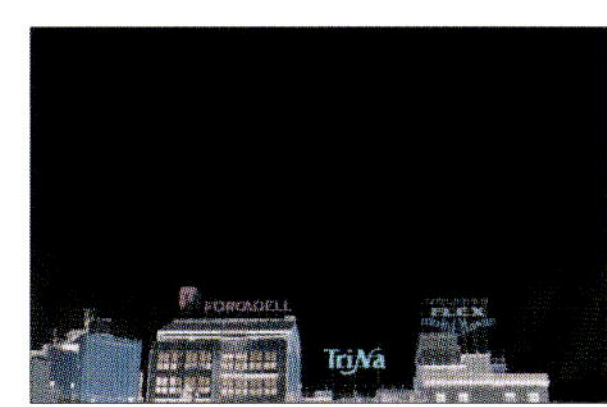


**TRINA**
BARCELONA, 2003
*p. 76*

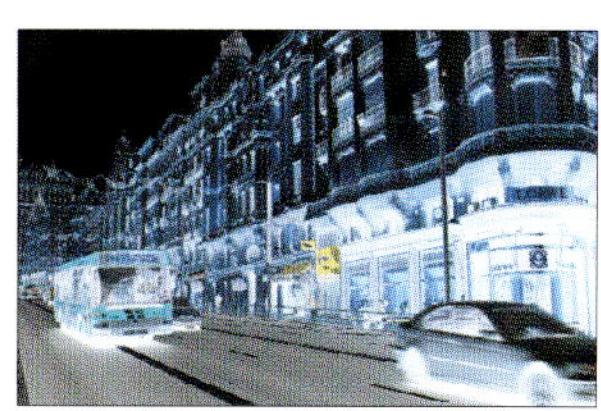

**146 PLAZA CALLAS**
MADRID, 2002
*p. 78*

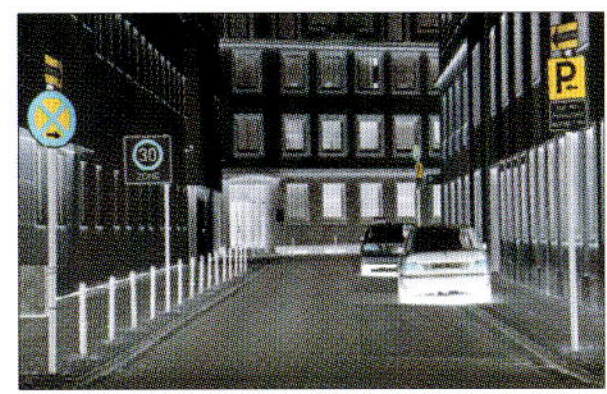

**STRAßE**
KÖLN, 2001
*p. 80*

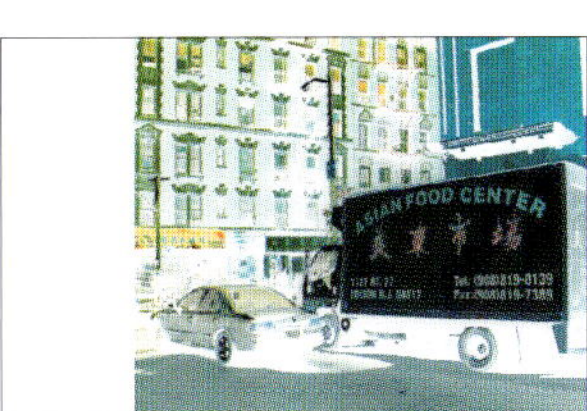


**ASIAN FOOD**
NEW YORK, 2002
*p. 82*

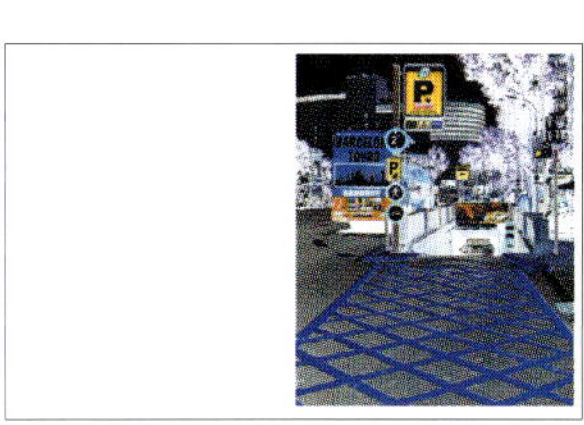

**BARCELONA TOURS**
BARCELONA, 2003
*p. 85*

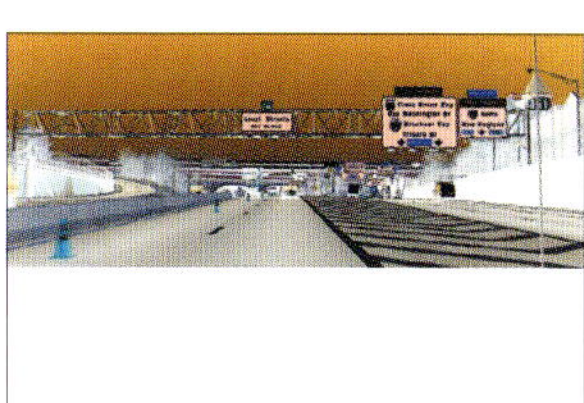

**LOCAL STREET**
NEW YORK, 2002
*p. 86*

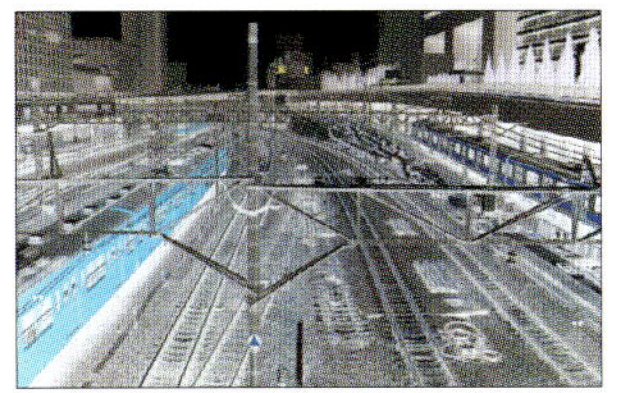

**TETSUDO**
TOKYO, 2000
*p. 88*

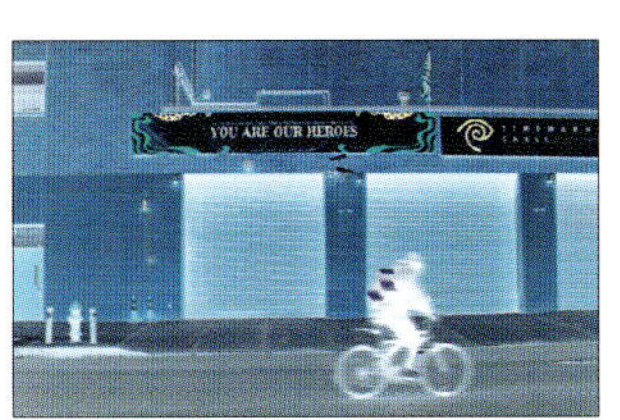


**... OUR HEROES**
NEW YORK, 2002
*p. 90*

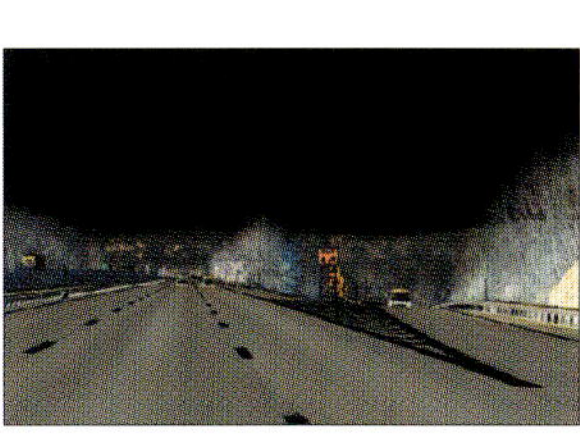

**EXIT 4**
CONNECTICUT, 2002
*p. 92*

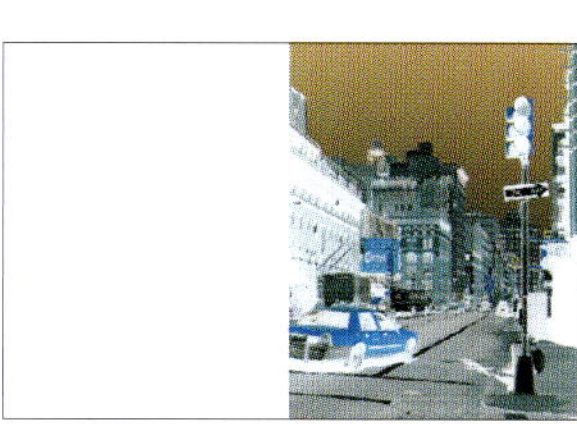

**ONE WAY**
NEW YORK, 2002
*p. 95*

# REVERSED CITIES: UNA CONVERSAZIONE CON FRANCESCO PIGNATELLI
PAOLA BONINI

Dedicato a una realtà metropolitana in equilibrio fra oggettività e illusione, nella carriera di Francesco Pignatelli *Reversed Cities* rappresenta un cambiamento radicale di sintassi, una svolta che al principio stupisce, spiazza. Si era affermato, solo qualche anno fa, con un progetto di sequenze fotografiche in cui, come per un gioco delle parti, davanti all'obiettivo metteva i grandi maestri del cinema, del teatro e della fotografia – Nagisa Oshima, Wim Wenders, Duane Michals, Peter Greenaway e Takeshi Kitano, solo per citarne alcuni. Ora sembra volersi discostare dalle condizioni non solo di quelle serie, ma della sua stessa poetica: così, a sorpresa, il colore si contrappone alla severità del bianco e nero, l'unicità degli scatti al dispositivo delle sequenze, gli squarci anonimi di città ai volti e ai corpi umani – corpi-simulacro, per giunta. Anche alcuni presupposti – la ricerca ideale del maestro, la tensione a carpire insegnamenti dai grandi – sono venuti meno. Eppure, quasi a chiarire (al fotografo stesso, forse, ancor prima che agli altri) che il motore della sua opera è altrove, si è definito e potenziato un impulso di ricerca trasversale all'interno delle arti, che custodisce la coerenza della sua fotografia e la coniuga con la pittura, liberandosi, per usare una formula di Magritte, "delle abitudini di un mondo che ha già svelato tutta la sua misura e che ora si decompone"[1].

Intervistare Francesco non è semplice: impulsivo e instancabile, viaggia fra i riferimenti con estro pindarico; meglio – e più divertente, per inciso – stare al gioco, e passare un pomeriggio a conversare compulsando senza sosta libri d'arte e fotografia, lavori vecchi e nuovi, stampe e appunti.

Quando arrivo nel suo studio, fermamente risoluta a procedere sul nuovo progetto *à la* Man Ray – "non voglio sapere come, ma immaginare perché"[2] – sta sfogliando un libro sul Quattrocento italiano, e la mia determinazione si infrange subito contro Piero della Francesca. Timore reverenziale, presumo.

"Guarda, forse era questa la suggestione originaria del progetto", esordisce entusiasta Francesco. "Prospettiva, luminosità, colori, composizione, c'è tutto, è già tutto racchiuso qui..."

PAOLA BONINI: *Già, le geometrie dell'imitazione della realtà di Vasari. Però nel tuo caso la prospettiva scientifica è data dal mezzo, e non direi che la luce rimandi immediatamente alla rivoluzione naturalistica rinascimentale.*

FRANCESCO PIGNATELLI: Ma nella riproduzione del vero anche allora era ammessa una notevole spinta creativa... E comunque sto parlando solo di un condizionamento inconsapevole. È stupefacente: cresciamo con queste immagini negli occhi, non pensiamo a quanto ci possano aver plasmato, e poi all'improvviso riaffiorano all'interno di un progetto...



PB: *Partiamo dal principio: raccontami del passaggio dalle sequenze dei maestri a* Reversed Cities*, soprattutto in relazione all'uso del colore – non più tardi dell'anno scorso affermavi di poterti esprimere solo con il bianco e nero...*

FP: Non è stato un passaggio netto, ma piuttosto una necessità sviluppatasi nel tempo. La fotografia a colori mi ha sempre incuriosito, ma mi sembrava che mi portasse a un livello di realtà troppo immediato. A una dimensione documentaristica, insomma, con cui avevo un rapporto di attrazione-repulsione.

PB: Reversed Cities *non si può propriamente dire un progetto documentaristico: significa che hai trovato una via diversa al colore?*

FP: Sì. L'ho definita prendendo coscienza di un fatto apparentemente estraneo, forse anche banale, e cioè dell'importanza che la pittura ricopre nella mia vita. Il mio mezzo d'espressione elettivo è la fotografia, ma qualcosa mi sospinge verso la pittura... sarà il DNA, sono cresciuto in una famiglia di artisti... Con questo progetto, in particolare attraverso il procedimento di stampa, ho provato a riportare le mie foto di città a un'esperienza pittorica, riuscendo a creare un ponte fra le due arti. Per dedicarmi al colore forse avevo bisogno di un approccio insolito, almeno per me. Vedevo foto di città tutte uguali, volevo fare qualcosa che ne trasformasse la rappresentazione... A pensarci bene era successa la stessa cosa con le sequenze – in quel caso era stata la noia dei ritratti ripetitivi, conformi, senza storia, a mandarmi in crisi, mettendomi alla ricerca di un'idea differente.

PB: *Il passaggio da un lavoro all'altro per te quindi è segnato da una crisi?*

FP: Non è l'unico fattore, ma è fondamentale. Ogni cosa, se ci pensi, nasce da un atto di ribellione, dal bisogno di fare qualcosa di diverso. Diverso a livello individuale: ripeto, non credo di aver inventato nulla. Le città a colori si fotografano da sempre, e l'occhio del singolo fotografo può fare differenze abissali. Ma credo di essere uscito dalla monotonia, dallo schema. E grazie a questo procedimento di stampa, che mi consente di restare nell'ambito della fotografia pura, ho trovato l'entusiasmo e il modo per farlo, proprio perché nel risultato ho visto manifestarsi il ponte fra fotografia e pittura.

PB: *Sentivi la necessità di legarle?*

FP: Non voglio assolutamente negare la natura artistica della fotografia, ma è una mia esigenza riportarla alle mie distinte passioni personali. Con la fotografia mi esprimo, è il mio mezzo, ma ciò non cancella l'impronta delle altre arti nella mia formazione.

PB: *È il colore usato come "effetto speciale" a gettare questo ponte?*

FP: Principalmente sì. Ritengo che il bianco e nero mi porti a un tipo di fotografia più legata al cinema, mentre il colore mi avvicina alla pittura.

PB: *Non è anche perché in bianco e nero realizzavi sequenze, progressioni di fotografie che facevano pensare a una pellicola cinematografica?*

FP: In parte sì, ma avverto come più "cinematografici" anche gli scatti di città, quando sono in bianco e nero.

PB: *E perché credi che invece il colore ti faccia pensare a un quadro?*

FP: Non tanto il colore in sé, quanto la sua inversione, che genera atmosfere metafisiche, senza un preciso collocamento temporale: non si può mai dire che ora del giorno sia, cosa stia succedendo davvero… è affascinante.

PB: *Metafisiche in senso specificamente pittorico?*

FP: Forse… Sono situazioni sospese. Ma anche così torniamo al discorso sulla pittura del Quattrocento, no?

PB: *In una certa misura, almeno attraverso Morandi, sì. Ma il richiamo alla pittura è a priori o a posteriori? Scegli un'inquadratura perché ti ricorda un quadro o te ne accorgi dopo?*

FP: Me ne accorgo a posteriori, anche se, come ho già detto, credo sia qualcosa di insito nel mio modo di vedere, di cui però non ho piena consapevolezza. C'è e basta, non devo spiegarmi tutto. Della città riprendo ciò che mi coinvolge, senza pensare a niente e nessuno. Cerco di dare importanza a ciò che può apparire banale: una porta, una strada… A fine lavoro, quando osservo una foto, magari, mi viene in mente Hopper, per esempio.

PB: *Questo ti capiterà spesso… Molte di queste foto assomigliano a ciò che Hopper avrebbe dipinto oggi.*

FP: Mi riconosco benissimo in questa frase. È fondamentale parlare della propria epoca; è così che concepisco il progetto delle città. Saper descrivere oggi quello che succede oggi. Goethe ha scritto: "Principio e fine di ogni attività letteraria è la riproduzione del mondo che mi circonda attaverso il mondo che è in me, in modo che tutte le cose siano afferrate, raccordate, ricreate, plasmate e ricostruite in forma personale". Mai sentito niente di più vero… Se sostituiamo "letteraria" con "artistica", infatti, questa frase vale per i pittori del Quattrocento, per Hopper, per i metafisici: tutti ritraevano il loro tempo filtrandolo attraverso la sensibilità individuale. A me interessa rappresentare il mio…

PB: *Le immagini più stilizzate per geometrie e colori trasmettono anche suggestioni da illustratore, non credi?*

FP: Può darsi, ma è un mondo che mi interessa di meno…

PB: *E se ti dicessi che a tratti ricordano la pop art? David Hockney più che Cassandre?*

FP: La pop art, sì, questo lo sottoscriverei.

PB: *È l'ultima cosa che avrei pensato di sentire da te!*

FP: In effetti sono stupito anch'io. Me ne sto accorgendo solo adesso. Però, pensandoci, anche la pop art è un preciso modo di raccontare la propria epoca. Se la si intende così, il cerchio si chiude. La mia intenzione è di cogliere elementi che fanno parte della comune esperienza visiva, trasformandoli in stati d'animo.



PB: *D'accordo. Comunque non si tratta solo di rappresentare un'epoca, ma di come farlo. C'è una continuità ideale in tutti gli esempi che abbiamo fatto: c'è sempre un realismo rigoroso nella composizione spaziale…*

FP: Sì, per esempio Hopper in questo senso era addirittura un matematico. È una caratteristica che in effetti ritrovo nei miei lavori.

PB: *…e animato da contrasti di luce netti. Prendiamola alla larga: se le foto fossero stampate in positivo, queste caratteristiche si noterebbero lo stesso?*

FP: In alcune foto sì, in altre no. Il positivo comunque mi ricorderebbe meno la pittura. Guarda invece l'impatto visivo dei colori invertiti. Non so, l'idea di un cielo marrone… mi piace di più…

PB: *E qui arriviamo al punto. Stiamo delineando un percorso "di realtà", ma con la luce – l'elemento costitutivo della fotografia – tu decidi di generare, anche se a posteriori, con la stampa, una finzione plateale.*

FP: Ma l'inversione non produce irrealtà, produce metafisica… D'accordo, forse c'è una contraddizione. Non sono un fotoreporter, la mia riproduzione della realtà si scontra con un animo visionario. Il fotoreporter, che per me resta il fotografo per eccellenza, non ha l'ansia di creare cose nuove: il mondo si evolve tutto intorno, e lui lo segue. Sceglie il soggetto e ne registra i mutamenti… Ognuno ovviamente ha le sue caratteristiche, le sue dimensioni di stampa, la sua personalità. Ma è il contrario della pittura: davanti a una tela bianca sei tu a dover creare il soggetto, nella fotografia è il soggetto che si trasforma davanti all'obiettivo. E io quest'ansia di inventare ce l'ho… Insomma, sono un fotografo, ma la realtà mi piace "vederla" a modo mio.

PB: *Un tempo dicevi di aver dovuto trovare un equilibrio fra l'istinto da reporter e la passione per la fotografia creativa.*

FP: Lo penso ancora, e questo progetto ne è la massima espressione. È un lavoro di fotogiornalismo, che diventa visionario solo nell'effetto di stampa.

PB: *Non è una modifica da poco… Hopper scriveva che la luce è il mezzo per* creare *la struttura della realtà. E in un'intervista, partendo proprio dalla prospettiva quattrocentesca per arrivare alla sua teoria sulla stereorealtà, Paul Virilio ha detto: "il reale non è mai dato, ma viene sempre* costruito*"*[3].

FP: Certo, ma il fatto che venga costruito non cessa di farlo essere reale…

PB: *Magari no, però tu ci hai sempre tenuto a sottolineare che la tua è fotografia pura –* non *costruita, quindi.*

FP: Sì, anche se non sono mai stato un purista assoluto… In fase di stampa mi capita, per esempio, di fare dei tagli. Ma qui non c'è nulla di "costruito": anzi, questo lavoro è più puro che mai. È il modo in cui vede la pellicola. Quando scatto, la pellicola percepisce la

realtà esattamente così, al contrario. Sono io – insomma, è la norma – che in fase di stampa la inverto, rovescio la sua visione per adattarla a quella dell'occhio umano. E poi, comunque, per me fotografia pura significa non intervenire col digitale.
PB: *Cosa cambierebbe, nel risultato?*
FP: Nulla, forse, ma mi piace avere un'ancora con la realtà. O con la tradizione, se vuoi. Questi sono negativi fotografici ingranditi e stampati. Se li inverto, tornano a essere una foto normale. Non stravolgo la realtà in sé. Posso distaccarmene e tornarci – questa è la differenza dall'uso delle tecnologie digitali. È un fatto di equilibrio...
PB: *Estetico o psicologico?*
FP: Va bene, forse solo psicologico. Però ho l'impressione che con il digitale si possa alterare la realtà fino al punto di negarla, annullando ogni mio interesse per questi procedimenti.
PB: *Torniamo all'ancora con la realtà. Se per "digitale" intendiamo una fotografia prodotta con flussi di luce in entrata anche artificiali*[4]*, il tuo purismo si può riassumere nella scelta di usare solo luce naturale?*
FP: Forse è proprio così... è la luce naturale a mantenermi attaccato alla realtà. Anche se poi la inverto, ovviamente, ma resta sempre luce naturale. Comunque, per concludere il discorso sul purismo, va detto che queste stampe, che sono Cibachrome, sono realizzate con il procedimento Lambda, che è digitale e tradizionale allo stesso tempo. La carta Ciba va nei bagni chimici, ma l'impressione è digitale. C'è un collegamento fra tradizione e innovazione. Del digitale non mi piace l'intervento innaturale sulla foto, mentre comincio ad apprezzarne certi procedimenti di stampa.
PB: *Parliamo del soggetto. Fotografavi persone e sei passato alla città. Dall'animato all'inanimato...*
FP: Ma la città non è inanimata, mi appassiona proprio perché è il luogo in cui le persone vivono. La città è *fatta* dalle persone.
Ho ritratto per anni figure umane, del resto continuo a farlo, ed ora sono spinto ad allargarmi al loro ambiente. Anche se la gente non compare, io la sento. In un paesaggio naturale la sensazione della presenza umana può mancare del tutto, ma la città, anche se è vuota, la tradisce in ogni istante.
PB: *Nelle tue foto in effetti è vuota, o quasi, di frequente: un altro elemento che ti riconduce a Hopper.*
FP: Sì. Quando c'è troppa gente l'atmosfera si dissolve. Il luogo desolato stimola la concentrazione. Una città, una casa con poche o nessuna persona porta a pensare all'uomo più della visione dell'uomo stesso.
PB: *La folla ti confonde?*
FP: Mi distrae, perché in una città è scontata. Non vedere persone, invece, mi incuriosisce. Come mai non c'è nessuno? È successo qualcosa? Un luogo deserto lascia più spazio all'immaginazione. E poi il fatto che una città, luogo di accentramento della popolazione per eccellenza, sia deserta, è una contraddizione che mi interessa.



PB: *Raffiguri le città come tracce umane, quindi?*
FP: Sicuramente. Ma forse il motivo principale per cui fotografo le città è che le amo molto. Ho bisogno della natura – soprattutto del mare – ma la città è il mio luogo d'elezione. Mi sento più a mio agio fra asfalto, musei, cinema... Forse *Reversed Cities* è semplicemente un omaggio ai luoghi che più mi appartengono.
PB: *Cosa altro è cambiato rispetto ai tuoi primi progetti?*
FP: Per un certo periodo della mia vita ho avuto la curiosità di incontrare alcune persone che per me hanno significato molto, perché li consideravo i miei maestri. Ora l'ho fatto, e non li sento più tali.
PB: *Delusioni?*
FP: Assolutamente no. Stiamo parlando di personaggi che restano grandi maestri in sé, ovviamente – del cinema e della fotografia, come Oshima, Michals, Wenders... Ma oggi non direi più che sono maestri *miei*.
PB: *Hai cambiato punti di riferimento o non senti più il bisogno di averne?*
FP: Diciamo che solo ora mi rendo conto che "maestro" è una parola grossa, troppo grossa. Ho chiamato a lungo così persone che hanno segnato indelebilmente il mio immaginario, risvegliando in me degli stati d'animo fondamentali per il mio lavoro; del resto continuano a farlo. Penso, innanzitutto, ad Akira Kurosawa, Federico Fellini e Ingmar Bergman. Ma il maestro, per definizione, è uno solo. Ed è colui che ti porta a diventare maestro di te stesso.
PB: *Ti ricordi? Eri rimasto stupito quando, intervistandovi insieme, avevo chiesto a Wenders chi fossero i suoi maestri, e lui aveva risposto unicamente Yasujiro Ozu.*
FP: Già. Lo capisco solo adesso. È buffo, anche Wenders da giovane andava a caccia di maestri... Ma alla fine ha realizzato chi fosse davvero il suo.
PB: *E tu sai chi è il tuo?*
FP: Sono confuso. Credo che al giorno d'oggi siamo influenzati da tutto e da niente, ma quel che è importante è restare fedeli a se stessi. Per citare ancora Hopper: l'originalità non è una questione di tecnica o di inventiva, ma è l'essenza della personalità.
PB: *Un principio che mi pare immutato nel tuo lavoro è ispirato alle arti marziali: "massimo danno con minimo sforzo". Anche se in questo caso l'intervento minimo è a posteriori.*
FP: Certo, è un principio che guida tutta la mia vita, e quindi è anche alla base della mia esperienza di lavoro, in cui si traduce come "massimo risultato con minimo intervento". Da questo insegnamento nasce la mia ricerca per l'essenzialità.

PB: *Fino a ora abbiamo detto cosa ti ha spinto – un atto di ribellione – e dove sei arrivato – a rendere tangibili le connessioni fra fotografia e pittura rappresentando l'epoca in cui vivi. Ma qual è il motivo?*
FP: Ottenere una fotografia dipinta con la sua stessa luce.
PB: *Questo è il risultato.*
FP: D'accordo. Allora diciamo che il mio obiettivo era arrivare all'essenza della pellicola. Ho cominciato a lavorare per sottrazione, eliminando così il passaggio di stampa da negativo a positivo – Giacometti in questo senso era un maestro: scavava per arrivare all'anima della sua scultura, fino a rendere le figure sottili come stecchini. È strano: sono quattordici anni che faccio il fotografo e vedo negativi, ma solo ultimamente prendendoli in mano ho pensato: "ma questa è pittura" – proviamo a stamparla sulla carta positiva... Un procedimento banalissimo, che apre una porta fra due arti.
PB: *Tutto gravita intorno alla sensibilità della pellicola, dunque, alla sua "percezione sensoriale"? Sarà anche banale da un punto di vista pratico, ma è piuttosto interessante in termini di teoria della conoscenza. Qual è in questo senso il rapporto fra originale e fotografia?*
FP: È questo il bello: c'è un rapporto di trasfigurazione, ma nella sostanziale identità. Quel che accade è identico, le cose sono identiche, ma si trasformano per l'inversione dei colori, che cambia l'atmosfera, sospendendo l'intera scena. È come se io riportassi questo scorcio pittoricamente, ma con la precisione che mi consente la fotografia. E questo avviene con un unico passaggio tecnico. Vedi? Basta un minimo intervento per ottenere un massimo risultato.
PB: *Si può dire che* Reversed Cities *non esprima un pensiero sulla città in sé, ma sulla sua percezione?*
FP: Sì, assolutamente, perché non proietto significati sull'idea di città. Ne trasfiguro semplicemente l'apparenza. Renoir diceva che la cosa essenziale di un'opera è quella che non si può spiegare.
PB: *Alla Biennale di Venezia una foto della serie* Reversed Cities *è stata esposta nell'ambito della mostra* Italian Factory*, che si proponeva di fornire una panoramica sulla nuova scena artistica italiana. C'è, più specificamente, un movimento o una scuola di cui ti senti parte?*
FP: No, sono un solitario per carattere. E comunque è difficile inquadrarsi in tempo reale, capire se si è parte di una corrente più ampia. Io mi sento un fotografo. Uso la macchina fotografica, quindi sono un fotografo.
PB: *Poco fa hai detto che nelle fotografie trovi più facile cogliere una dimensione cinematografica se sono in bianco e nero. Ma davvero la escluderesti, nel caso di* Reversed Cities*?*
FP: No, è solo meno immediata nel risultato. Nel momento in cui scatto la mente è libera, ma l'istinto cinematografico è sempre presente. Forse perché il cinema è l'arte che ha più segnato il mio modo di vedere. La valenza cinematografica oggettiva, poi, dipende dal fatto che si tratta di situazioni reali. A me del cinema interessano soprattutto le storie di vita vissuta, e queste immagini credo che forniscano ambientazioni possibili per quel genere di storie.
PB: *Perché?*
FP: Perché lasciano spazio alla fantasia – l'auto che parte, la porta dell'uscita di sicurezza... Il collegamento al cinema si scatena ogni volta che ti chiedi cosa sia accaduto prima e dopo quell'istante scattato. Non saprei dire cosa faccia entrare in funzione questo meccanismo.
PB: *C'è una teoria, la memetica, che applica alla cultura i principi dell'evoluzione darwiniana, ipotizzando l'esistenza di unità conoscitive di base, i memi, che esattamente come i geni potrebbero riprodursi e concorrere per la selezione naturale*[5]*. Se consideriamo che l'immaginario cinematografico conta sicuramente memi molto diffusi e radicati, si può dire che le foto fungono da piattaforma per innescarli?*
FP: È molto interessante... direi che si potrebbe spiegare così. Mostrando cose note in effetti si mettono in moto dei collegamenti con la realtà, o con la realtà intellettuale. Nella nostra cultura, uno scorcio di New York può riportarci subito a un'atmosfera da film di Scorsese, e quel che si suppone possa accadere si rifà a quell'immaginario. Anzi, a pensarci l'atmosfera sospesa e la particolarità dei colori che caratterizzano le foto si colgono proprio perché l'immagine è in qualche modo riconoscibile, è già nell'esperienza di chi guarda, non importa se è un'esperienza diretta o mediata dal cinema. Se mostrassi qualcosa di astruso, invece, non farebbe differenza, non susciterei una sensazione di realtà interrotta. Questi sono momenti vissuti, trasfigurati in un secondo tempo.
PB: *Questo però è un limite alla fruibilità – lega le immagini alla nostra cultura, all'Occidente.*
FP: Ma no, possono andare oltre, anche se sicuramente verranno vissute in maniera diversa, come se io vedessi un disegno fatto da un membro di una tribù australiana che rappresenta figure tipiche della sua cultura, stravolgendole: probabilmente non me ne accorgerei, e godrei dell'opera in modo differente... mi interesserebbe comunque, anzi, forse mi incuriosirebbe di più...



1 René Magritte, *Écrits complets*, Flammarion, Paris 2001, p. 85.
2 Man Ray, *Tutti gli scritti*, Feltrinelli, Milano 1981, p. 225.
3 "La Repubblica", 22/3/1999; l'intervista si trova inoltre all'indirizzo www.repubblica.it/online/internet/mediamente/virilio/virilio.html.
4 Cfr. Augusto Pieroni, *Fototensioni*, Castelvecchi, Roma 1999, pp. 69 sgg.
5 Cfr. Richard Dawkins, *The Selfish Gene*, Oxford University Press, New York 1989; Susan Blackmore, *The Meme Machine*, Oxford University Press, New York 1999.

# REVERSED CITIES: A CONVERSATION WITH FRANCESCO PIGNATELLI
PAOLA BONINI

Dedicated to a metropolitan reality balanced between objectivity and illusion, "Reversed Cities" is a radical change of syntax in Francesco Pignatelli's career, a turning point that initially can create surprise and bewilderment. Only a few years back Pignatelli had asserted himself with a project of photographic sequences in which he had placed the great masters of cinema, theater and photography in front of the camera – Nagisa Oshima, Wim Wenders, Duane Michals, Peter Greenaway and Takeshi Kitano, to name a few. Now he seems to want to break from the terms not only of that series, but of his own poetics as well; so that, surprisingly, color contrasts the severity of black and white, the singleness of the shots contradicts the device of the sequences, anonymous corners of the city replace human faces and bodies – even bodies that were simulacra. A few founding conditions, like the ideal search for a master and the striving to glean knowledge from the greats, disappear as well. Nonetheless, almost as if to clarify (to himself, maybe, even before the rest of the world) that the driving power of his work is elsewhere, Pignatelli has developed an impetus of transverse research within the arts that keeps his photography coherent and conjugates it with the art of painting, freeing itself, to borrow a motto from Magritte, "of the habits of a world that has already revealed all its measure and is now decomposing."[1]

To interview Francesco is not easy: impulsive and tireless, he travels between references with Pindaric whimsy; much better – and much more entertaining, by the way – is to play along and spend an afternoon of conversation, endlessly examining art and photography books, old and new works, prints and notes.

When I arrive at his study, firmly resolved to investigate his new project à la Man Ray – "I don't want to know how, I want to imagine why"[2] – Francesco is leafing through a book about the Italian *Quattrocento*, and my determination clashes immediately against Piero della Francesca. Awe, I suppose.

"Look, maybe this was the project's original suggestion," Francesco enthusiastically begins. "Perspective, luminosity, colors, composition: everything is already here…"

PAOLA BONINI: *Sure, Vasari's imitation of reality. Although in your case it's the medium that brings scientific perspective, and I wouldn't say the light immediately refers to the Renaissance's naturalistic revolution.*

FRANCESCO PIGNATELLI: But even then, a great creative thrust was granted in the reproduction of truth… Anyway, I'm just talking about an unconscious sort of conditioning. It's amazing: we grow up with these images in our eyes, not even thinking about how much they have shaped us, and then all of a sudden they resurface within a given project…



PB: *Let's start from the beginning: tell me about how you moved from the masters' sequences to "Reversed Cities," especially regarding the use of color. Only last year you were saying that you could express yourself only in black and white…*

FP: It wasn't an abrupt change, but rather a need that I developed in the course of time. Color photography has always intrigued me, but it seemed to take me to a level of reality that was too immediate. To a documentary dimension, as it were, toward which I felt a sort of attraction/repulsion.

PB: *You can't really define "Reversed Cities" as a documentary project: does this mean that you found a different way to use color?*

FP: Yes. I shaped it as I became aware of an apparently unrelated, maybe banal fact, that is, the importance of painting in my life.

My chosen medium of expression is photography, but there's something that constantly pushes me towards painting… it could be DNA, for I grew up in a family of painters. With this project, especially through the printing process, I tried to take my photographs back to a painting experience, establishing a bridge between the two arts. Maybe in order to dedicate myself to color I needed a different approach, at least for me. I was seeing photos of cities that were all the same; I wanted to do something that would transform the way they were represented… Come to think of it, the same thing had happened with the sequences – in that case the crisis, the impulse to search for a different idea, was originated by the tedium of seeing repetitive, conforming portraits, works without history.

PB: *So for you the transition from one project to another is always marked by a crisis of sorts?*

FP: It's not the only factor, but it is essential. If you think about it, everything is borne by an act of rebellion, by the need to do something different. Different at an individual level, of course: as I already said, I don't think I've invented anything. Cities have always been photographed in color, and the single photographer's eye can make an abysmal difference. But I think I was able to get out of the monotony, the pattern. And thanks to this printing procedure which allows me to remain in the sphere of pure photography, I found the enthusiasm and the way to do it, just because in the results I saw a bridge between photography and painting.

PB: *Did you feel the need to connect them?*

FP: I don't want to deny photography's artistic nature, but I feel the need to take it back to my personal passions. I express myself with photography, it is my medium; but this doesn't erase the mark left by other arts in my personal formation.

PB: *And is it color, used as a "special effect," that creates this bridge?*

FP: Principally, yes. I think black and white takes me to a kind of photography that is more similar to cinema, while color brings me closer to painting.

PB: *Isn't it also because with black and white you used to create sequences, progressions of frames that brought film to mind?*

FP: Partially, yes, but I also see city shots in black and white as more cinematic.

PB: *And why do you believe color makes you think of painting?*
FP: Not so much color itself as its inversion, which generates metaphysical atmospheres without a precise temporal connection: you can never tell what time it is, what's really happening… It's fascinating.
PB: *Metaphysical in a strictly pictorial sense?*
FP: Maybe… They are suspended situations. But even in this case we are still talking about the art of Quattrocento, aren't we?
PB: *Yes, in a certain measure, at least through Morandi. But does the reference to painting come before or after the fact? Do you choose a frame because it reminds you of a painting, or do you realize that later?*
FP: I realize that later, even if, as I told you before, I think it's something imprinted in my way of looking at things, something of which I'm not totally aware. It's there, that's it; I don't have to have an explanation for everything. Of a city I shoot whatever draws me in, without thinking about anything or anybody. I try to give significance to what could appear commonplace: a door, a street… Later, when I'm finished and I observe a photo, it might make me think of Hopper, for example.
PB: *That should happen very often… A lot of these photographs resemble what Hopper would have painted today.*
FP: I really subscribe to this concept. It's essential to speak of one's time; this is my idea of the city project. To be able to describe today what happens today. Goethe wrote: "The beginning and end of every literary endeavor is the reproduction of the surrounding world through the world inside me, so that everything can be grasped, connected, recreated, shaped and reconstructed in a personal form." Never heard anything truer. If we substitute "literary" with "artistic", in fact, this quote is valid for the painter of the Quattrocento, for Hopper, for the metaphysics: all of them reproduced their time with the filter of their individual sensibilities. I'm interested in reproducing mine…
PB: *The most stylized images in terms of geometries and colors also suggest the work of illustration, don't you think?*
FP: It's possible, but that's a world that doesn't interest me as much…
*What if I told you that sometimes they suggest pop art? David Hockney more than Cassandre?*
FP: Pop art, yes, I would subscribe to that.
PB: *This is the last thing I would have expected you to say*!
FP: Actually, I'm surprised as well. I'm starting to realize that just now. Although if you think about it, pop art too is a precise way of narrating one's time. If you see it this way, the circle closes in on itself. My intention is to seize aspects that are a part of the common visual experience and transform them in moods.
PB: *All right. The point, though, is not only to reproduce an era, but how to do it. All these examples show a continuity of ideas: there's always a severe realism in the spatial composition…*
FP: Yes, in this sense Hopper was an absolute mathematician. Indeed, it is an aspect that I recognize in my work.
PB: *…enlivened by sharp contrasts in light. Let's circle around it: if the photos were printed in positive, would these aspects be as noticeable?*
FP: In certain cases they would, in other cases they wouldn't. The positive prints would not remind me as much of painting. Look instead at the visual impact of the reversed colors. I don't know, the idea of a brown sky seems more appealing to me…
PB: *And this is exactly the point. We are delineating a "reality course," but with the light – the constituent element of photography – you decide to create an explicit fiction, even if after the fact in the printing phase.*
FP: But the reversal doesn't produce reality, it produces metaphysics… All right, maybe there is a contradiction. I'm not a reporter, my reproduction of reality clashes against a visionary soul. The reporter, who for my money remains the photographer *par excellence*, is not anxious to create new things: the world evolves around him, and he follows it. He chooses his subject and records its changes. Of course, everyone has his or her own peculiarities, his or her own printing dimensions, his or her own personality. But it's the exact opposite of painting: when you find yourself in front of a white canvas you have to create your subject, whereas with photography it's the subject that transforms itself in front of the lens. And I feel this anxiety to invent… In other words, I am a photographer but I like to "see" reality in my own way.
PB: *You used to say that you had to find a balance between the reporter's instinct and a passion for creative photography.*
PB: I still believe it, and this project is the best expression of that. It's a work of photo-journalism that becomes visionary only in the printing phase.
PB: *It's not a small change: Hopper wrote that light is the medium with which you create the structure of reality. And Paul Virilio, starting from the Quattrocento perspective and ending with his theory of stereo reality, said in an interview that "reality is never given, but it's always built."*[3]
FP: Sure, but the fact that it's built doesn't stop it from being real…
PB: *Maybe not, although you always liked to emphasize that yours is a pure photography… in other words, not construed.*
FP: Yes, but I've never been an absolute purist. During the printing process I would, for example, make some cuts. Here, on the other

hand, nothing is "construed": on the contrary, this work is purer than ever. It's the way film sees reality. When I shoot, film perceives reality exactly like this, reversed. Then it's me – the norm, in other words – who inverts its vision in the printing phase, adapting it to the human eye. Plus, for me pure photography means keeping away from any digital interference.

PB: *What would be the difference, in terms of results?*

FP: Maybe nothing, but I like to be anchored to reality. Or to the tradition, if you will. These are photographic negatives, enlarged and printed. If I reverse them, they become again normal photographs. I don't twist reality itself. I can detach myself from it and then go back to it: here lies the difference with digital technology. It is a matter of balance...

PB: *Aesthetic or psychological?*

FP: All right, maybe it's just psychological. But I have this feeling that with digital technology you can alter reality to the point of denying it, and this dissolves any interest I could have harbored for those procedures.

PB: *Let's get back to the anchor to reality. If by "digital" we mean a kind of photography produced with oncoming streams of light that can be artificial,*[4] *can we sum up your purism as a choice to use only natural light?*

FP: Maybe that's it... it is natural light that keeps me anchored to reality. Anyway, to conclude about purism, it must be said that these Cibachrome prints are realized with the Lambda process, which is both digital and traditional. The Ciba paper gets submerged in chemical baths, but the impression is digital. There is a connection between tradition and innovation. What I don't like about digital technology is the unnatural intervention on the actual photograph, while I'm starting to appreciate certain printing procedures.

PB: *Let's talk about the subject. It used to be people, now it's cities. From the animate to the inanimate...*

FP: The city is not the inanimate, though: it thrills me exactly because it is the place where people live. The city is made by people. For years I portrayed human figures; and besides, I still do. But now I'm compelled to widen my vision to include their environment. Even if people don't show up in the photos, I can feel them. In a natural landscape, the feeling of a human presence can be totally absent; but a city, even an empty city, betrays it every step of the way.

PB: *In your photos it is indeed often empty, or almost so: another aspect that takes you back to Hopper.*

FP: Yes. When there's too many people, atmosphere dissolves. The desolate place stimulates concentration. A city, a house with few or no inhabitants, makes you think about man more than the vision of the man himself.

PB: *Do crowds confuse you?*

FP: They distract me, because in a city they are taken for granted. Not seeing anybody, on the other hand, intrigues me. Why isn't there anybody here? Has something happened? A deserted place leaves more room to the imagination. Plus, the simple fact that a city, a place of concentration par excellence, could be empty is an interesting contradiction.



PB: *Then you portray cities as human footprints?*

FP: Absolutely. But maybe the main reason why I photograph cities is the fact that I love them so much. I need nature – especially the sea – but the city is my place of choice. I feel more comfortable surrounded by asphalt, museums, movie theaters... Maybe "Reversed Cities" is simply an homage to the places that belong to me.

PB: *What else has changed since your first projects?*

FP: For a certain phase of my life I was curious to meet certain individuals who meant a lot to me, because I considered them my masters. Now I've done it, and I don't feel that way anymore.

PB: *Were you disappointed?*

FP: Absolutely not. We're talking about great masters in their own way, masters of cinema and photography like Oshima, Michals, Wenders... But today I wouldn't go on saying that they are my masters.

PB: *Did you change your points of reference, or rather, you don't need them anymore?*

FP: Let's say that I realize only now that "master" is a big word, maybe too big. I used it to define people who have indelibly marked my imagination, awakening feelings that were necessary to do my job; and they still do that. I'm especially thinking about Akira Kurosawa, Federico Fellini and Ingmar Bergman. But by definition, there is only one master. And he's the one who makes you become master of yourself.

PB: *Remember? You were surprised when, interviewing you and Wenders, I asked him who were his masters and he indicated only Yasujiro Ozu.*

FP: Yeah. Only now I understand that. It's funny, Wenders too was always hunting for masters when he was younger... At the end, though, he finally realized who his real master was.

PB: *And do you know who's yours?*

FP: I'm confused. I think nowadays we are influenced by everything and nothing at all, but the important thing is to be faithful to yourself. To quote Hopper again: originality is not a matter of technique or inventiveness, but it's the essence of personality.

PB: *A seemingly unchanged principle of your work is inspired by martial arts:* maximum damage with minimal effort. *Even if in this case the minimal intervention happens after the fact.*

FP: Sure, it's a principle that guides my whole life, hence is also the foundation of my work experience, where it translates as "maximum results with minimal intervention." From this advice derives my search for essentiality.

PB: *We have talked about what pushed you – an act of rebellion – and what you obtained – uncovering the connections between photography and painting by depicting the age you live in. What about your motive?*

FP: I wanted to obtain a photography painted with its own light.

PB: *This is the result.*

FP: All right. Then let's say that my motive was to come to the essence of film. I started working by subtraction, thus eliminating the printing passage from negative to positive. In these terms, Giacometti was a master: he dug to reach the soul of his sculpture to the point that his figures became thin as sticks. It's weird: for 14 years I've been a photographer and looked at negatives, but only recently I thought, this is painting, let's try printing it on positive paper… A very banal process that opens a door between two forms of art.

PB: *Does everything gravitate around a film's sensitivity then? Around its "sensory perception"? It could be banal from a practical point of view, but in terms of theory of knowledge it's very interesting. In this sense, what is the relationship between the original and the photograph?*

FP: This is the best part: there is a transfiguration, but within a substantial identity. What happens is identical, the objects are the same, but they are transformed by a reversal of colors that changes the atmosphere, suspending the whole scene. It's as if I were portraying it pictorially, but with the precision granted by photography. Which produces an effect that is not hyper-realist, but metaphysical. And all this through a single technical passage. See? A minimal intervention is enough to obtain a maximum result.

PB: *Is it possible to say that "Reversed Cities" expresses not a concept of the city in itself, but of its perception?*

FP: Yes, absolutely, because I don't project any added meanings onto the idea of city. I simply transfigure its appearance. Renoir used to say that the essential thing in a work of art is what you cannot explain.

PB: *One of your photos from "Reversed Cities" has been presented at the Venice Biennale as part of the "Italian Factory" show, which intended to offer a survey of the new Italian art scene. Is there, more specifically, a movement or a school to which you feel you belong?*

FP: No, I'm a loner by disposition. Besides, it's hard to define ourselves in real time, to understand if we are part of a larger current. I feel like a photographer. I use the camera, therefore I am a photographer.

PB: *A little while ago you said that you find it easier to find a cinematographic dimension in black and white photographs. Would you really exclude it in the case of "Reversed Cities"?*

FP: No, it is only less immediate in the final result. While I shoot my mind is free, but the cinematographic instinct is always present. Maybe because cinema is the art that has marked me the most. The objective filmic value, eventually, depends from the fact that the situations portrayed are real. What interests me the most about cinema are real-life stories, and I believe these images suggest possible locations for those kind of stories.

PB: *Why is that?*

FP: Because they leave room for fantasy: the car that drives away, the security exit's door… The connection with cinema gets unleashed every time you ask yourself what could have happened before and after the moment of the shot. I wouldn't know what it is that triggers this mechanism.

PB: *There is a theory called memetics that applies to culture the principles of Darwinian evolution, hypothesizing the existence of basic cognitive unities, or memes, that are able to reproduce and take part in the process of natural selection.*[5] *Considering that cinematographic imagery certainly has memes that are very widespread and ingrained, could we say that the photographs serve as a platform to trigger them?*

FP: This is very interesting… You could certainly explain it that way. Indeed, showing familiar things you set in motion a series of connections with reality, or with intellectual reality. In our culture, a corner of New York can take us immediately back to a Scorsesian atmosphere, and what you suppose could happen there derives from that imagery. In fact, if you think about it, the suspended atmosphere and the peculiarities of the color that characterize the photos are understandable purely because the image is somehow recognizable, no matter if the experience is direct or mediated by cinema. On the other hand, if I were to show something abstruse it wouldn't make any difference: I wouldn't provoke a feeling of suspended reality. These are moments that are first lived, then transfigured.

PB: *Although this is a limitation in terms of enjoyment – it binds these images to our culture, to the West.*

FP: Not really: they can transcend all this, although then they will be surely enjoyed in a different way. As if I were to look at a drawing by a member of an Australian tribe, something that portrays typical figures of that culture distorting them: I probably wouldn't notice it, enjoying the drawing on a different level. I would be as interested, maybe even more intrigued…



1 René Magritte, *Écrits complets*, Flammarion, Paris: 2001, p. 85.

2 Translated from: Man Ray, *Tutti gli scritti*, Feltrinelli Ed., Milan: 1981, p.225.

3 "La Repubblica," 3/22/1999. Also online at: www.repubblica.it/online/internet/mediamente/virilio/virilio.html

4 See Augusto Pieroni, *Fototensioni*, Castelvecchi, Rome: 1999, page 69 and following.

5 See Richard Dawkins, *The Selfish Gene*, Oxford University Press, New York: 1989; and Susan Blackmore, *The Meme Machine*, Oxford University Press, New York: 1999.

## **BIOGRAFIA**BIOGRAPHY

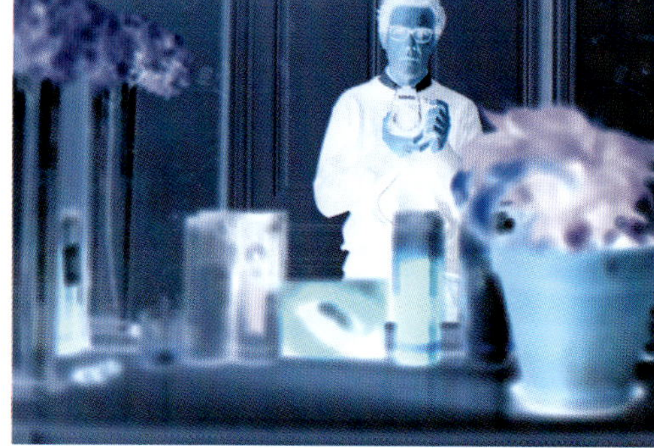

**AUTORITRATTO**, PARIS, 2001

Francesco Pignatelli è nato a Milano il 10 gennaio 1971.
Comincia a lavorare come assistente presso uno studio fotografico specializzato nel ritratto di musicisti. In questo periodo partecipa alla realizzazione di numerosi servizi su riviste di settore, fra cui *Esquire* e *Rolling Stone*. Dal 1992 al 1994 vive e lavora a Londra.
Rientrato a Milano, sviluppa la sua ricerca alternando still-life e ritratti, per poi dedicarsi principalmente a questi ultimi.
Dal 1999, con la serie *Telling Portraits*, realizza sequenze consacrate a personaggi illustri, fra cui Nagisa Oshima, Wim Wenders, Peter Greenaway, Duane Michals, Takeshi Kitano, Jean-Claude Carrière e Robert Wilson. Con queste essenziali immagini in bianco e nero offre nuovi e inediti punti di vista su alcuni grandi maestri del cinema, del teatro e della fotografia.
Nel 2003 con la serie *Reversed Cities* inaugura un progetto dedicato alle città; gli scorci urbani vengono presentati su stampe in negativo, creando un collegamento fra fotografia e pittura. Sono immagini che, nonostante la vistosa trasfigurazione cromatica, mantengono la precisione fotografica di situazioni assolutamente reali. L'obiettivo del fotografo, infatti, in ultima analisi è raccontare la propria epoca.
La poetica della sua opera consiste nella combinazione fra idee drammaturgiche ridotte all'essenza ed estrema istintività, che mettono in equilibrio il suo animo visionario con uno spirito da reporter.
Le sue foto sono apparse su numerose riviste, fra cui *Architectural Digest*, *Japan Magazine*, *Photo*, *Ottagono*, *Stadt Revue*, *Ryuko Tsushin*, *Arte*, *Four Four Two* e *Kölner Illustrierte*.



Franceso Pignatelli was born in Milan on the 10th of January, 1971.
He started his career as an assistant in a studio that specialized in portraits of musicians. In this period he took part in numerous shoots for magazines from this sphere (*Esquire* and *Rolling Stone* among others). From 1991 to 1993 he lived and worked in London.
Upon returning to Milan he developed his skills further, alternating between still-life and portraits, then dedicating himself solely to portraits.
Since 1999, with the series "Telling Portraits," he has produced pieces dedicated to famous personalities. These include Nagisa Oshima, Wim Wenders, Peter Greenaway, Duane Michals, Takeshi Kitano, Jean-Claude Carrière and Robert Wilson. These simple images in black and white offer a new and unseen view on the great masters of cinema, theater and photography.
In 2003 with the series "Reversed Cities" he started a project dedicated to cities. The urban scenes are shown as printed negatives, thus creating a link between photography and painting. They are images that, in spite of the gaudy chromatic transfiguration, maintain the photographic precision of completely real situations. In the end, the goal of the photographer is to tell the story of his own time.
The core of his work is a combination of dramatic ideas reduced to their essence and extreme instinct. In this way does he balance his visionary soul with the spirit of a reporter.
His photos have appeared in numerous magazines including *Architectural Digest*, *Japan Magazine*, *Photo*, *Ottagono*, *Stadt Revue*, *Ryuko Tsushin*, *Arte*, *Four Four Two* and *Kölner Illustrierte*.

## ESPOSIZIONI EXHIBITIONS

### MOSTRE PERSONALI SOLO EXHIBITIONS

2002 Galerie Werner Klein, Köln - *Private Vision*
2001 Centre Culturel Français - Palazzo delle Stelline, Milano - Decalogo
mudimadue, Milano - *Telling Portraits*
2000 Castello Carlo V, Lecce - *Pause*
1999 Spazio Bocca, Milano - *Condizione Urbana \ Natura Incondizionata*

### MOSTRE COLLETTIVE SELEZIONATE SELECTED GROUP EXHIBITIONS

C = catalogo pubblicato in occasione della mostra
C = A catalogue was published on the occasion of this exhibition

2003 Biennale di Venezia, Venezia - Mostre Extra 50 (C)
Parlamento Europeo, Strasburgo - Italian Factory (C)
KunstKöln, Köln - Galerie Werner Klein
Fiera Internazionale dell'Arte, Bologna – Photology (C)
Collezione Fondazione Culturale Edison, Parma
Wir 2, Köln - Galerie Werner Klein

2002 World AIDS Day, Monte-Carlo - Salle des Etoiles
Fiera Internazionale dell'Arte, Bologna - Galleria Davide Di Maggio
Fotografia Italiana 1950-2000, Messina - IX Esposizione Nazionale

2001 IX Biennale Internazionale di Fotografia - Palazzo Bricherasio, Torino (C)

## BIBLIOGRAFIA BIBLIOGRAPHY

### CATALOGHI CATALOGUES

2003 *Reversed Cities* - ed. Charta
testi/texts Giuliana Scimé, Fernanda Pivano, Paola Bonini
2002 *Private Vision* - ed. Galerie Werner Klein
testo/text Paola Bonini
2001 *Telling Portraits* - ed. mudimadue
prefazione/foreword Takeshi Kitano; testo Denis Curti
2000 *Pause* - ed. Mazzotta, collana Fotografia
prefazione/foreword Duane Michals; testo Giuliana Scimé
1999 *Condizione Urbana/Natura Incondizionata* - ed. Bocca
testi/texts Mario De Biasi e/and Gianalberto dell'Acqua

### ARTICOLI ARTICLES

**2002**
Fabio Amodeo, *Arte - Pignatelli e le affinità intellettuali*
Alessandra Quattordio, *AD - Modelli eccellenti*
Von Thomas Linden, *Kölnische Rundschau - Blick auf die gelähmte hand*
Jürgen Raap, *Kölner Illustrierte - Francesco Pignatelli*
Alice Koegel, *Stadt Revue - Francesco Pignatelli's "Telling Portraits"*

**2001**
Paola Bonini, *Photo - Wenders, Pignatelli , Hopper*
Francesco Poli, *Tema Celeste - Francesco Pignatelli*
Giuliana Scimé, *Corriere della Sera - Mini sceneggiature per immagini*
Anna Siccardi, *Arte–Incontro - Telling portraits*
Sara Recordati, *Photo - Strane storie*
Francesca Torres, *Avantgarde - Riflessi nell'obbiettivo*
Denis Curti, *ViviMilano (Corriere della Sera)- Francesco Pignatelli*
Tina Porcelli, *Il Fotografo - Telling Portraits*
Michela Delfino, *Dove - Telling Portraits*
Marina Itolli, *View on Photography - Una Biennale al limite*
Alessandra Quattordio, *AD - Ai confini del quotidiano*

**2000**
Alessandro Riva, *Arte - Pignatelli. Decalogo d'artista in dieci scatti*
Massimo Guastella, *Quotidiano - La foto? Un comandamento*
Daniela De Carlo, *La Gazzetta del Mezzogiorno - Pause , tre Maestri in 24 scatti*
Massimo Guastella, *Quotidiano - Quei fantasmi interiori rivelati da uno scatto*
Carmen Tarantino, *Il Corsivo - Pause*
Pierluigi Albertoni, *Il giornale di Duna - L'arte fotografica di Francesco Pignatelli*

**1999**
Roberto Mutti, *La Repubblica - Francesco Pignatelli*
Giuliana Scimé, *Corriere della Sera - I contrasti di Pignatelli.
Ambiente metropolitano e poesia della natura*
Gilla Bertotti, *Il Corsivo - Francesco Pignatelli*
Chiara Coronelli, *Arte - Pignatelli all'orizzonte*

### VIDEO VIDEOS

Sergio Di Pasquale, Tommaso Zamarchi - My-TV - *Telling Portraits*

Per saperne di più su Charta
ed essere sempre aggiornato sulle novità,
entra in

To find out more about Charta,
and to learn about our most recent publications,
visit

**www.chartaartbooks.it**

Finito di stampare nel settembre 2003
da Leva spa, Sesto San Giovanni
per conto di edizioni Charta